Peter Wandler

Eine Geschichte zum Leben

Widmung:

Allen Menschen, die sich auf die Suche nach sich selbst und dem Geheimnis des Lebens begeben.

Peter Wandler

Eine Geschichte zum Leben

Bibliografische Information der Deutschen Nationalbibliothek:
Die Deutsche Nationalbibliothek verzeichnet diese Publikation in
der Deutschen Nationalbibliografie; detaillierte bibliografische Da-
ten sind im Internet über http://dnb.dnb.de abrufbar.

ISBN: 978-3-7528-7986-5

Inhalt

Vorwort

Die Geschichte in unserem Buch hätte mit jedem Namen eines Menschen beginnen können. Denn allen Menschen ist etwas gemeinsam. Die Reise von einer geistigen Welt in diese gegenständliche Welt. Das Buch mit den Geschichten zum Leben ist für alle, insbesondere der heute noch jungen Menschen (ab 15 Jahren) gedacht. Denn sie sind es, die die Erde in der Zukunft bewohnen werden. Sie werden in ihrem Leben zwangsläufig mit einer Vielzahl von Entwicklungen, sei es nun in menschlichen oder elementaren Bereichen konfrontiert. Und alle müssen eine Vielzahl von Lösungen finden. Und dazu soll dieses Buch eine Hilfestellung geben.

Tim schaute aus dem Fenster seines Zimmers. Es regnete. Und gerade heute hatte er vor, mit seinem Freund Jan eine Fahrradfahrt zu unternehmen. Doch die Mutter von Jan hatte seine Verabredung kurzfristig abgesagt und war mit ihrem Sohn in ein Einkaufszentrum gefahren. Für Tim war ein solcher Ort nicht wirklich interessant. Dort konnte man weder über eine Wiese laufen, noch am Fluss sitzen und angeln. Und abgesehen von dem Eiscafé gab es für ihn keinen Grund, dort seine Zeit zu verbringen.

Was sollte er jetzt machen? Ihm viel ein, dass er von seinem Onkel Hans ein Buch geschenkt bekommen hatte. Er schaute unter seinem Bett nach. Dort verstaute er immer seine Bücher, da er kein Bücherregal besaß. In seinem Zimmer, das recht klein war, standen ein Bett, ein Tisch und ein kleiner Schrank, in dem er seine Kleidung aufbewahrte. Tim wohnte mit seinen Eltern, die nicht reich waren, in einer sehr kleinen Wohnung unter dem Dach. Aber das störte ihn nicht wirklich. Denn das wirkliche Leben lief für ihn außerhalb seiner Wohnung ab. Dort fand es immer wieder toll, die Welt zu entdecken. Natürlich interessierte er sich auch für andere Länder auf diesem Planeten. Zum Geburtstag hatte er ein kleines Radio geschenkt bekommen, mit dem er viele Sender aus der ganzen Welt hören konnte. Zum Glück gab es internationale Sender, die ihr Programm auch in der deutschen Sprache sendeten. Und alles das, was mit anderen Kulturen und Ländern zu tun hatte, fand er sehr interessant. Überhaupt hielt die Welt scheinbar unendlich viele Dinge bereit, die es zu entdecken gab. Er suchte unter seinem Bett nach dem Buch. Und nach kurzer Zeit hatte er es gefunden. Sein Onkel Hans, von dem er das Buch bekommen hatte, galt in seiner Familie als etwas eigenartig. Er hatte nie geheiratet und lebte allein auf einem Bauerhof in den Bergen. Er besaß zwei Ziegen, einen Esel sowie drei Katzen. Tim mochte ihn sehr. Vielleicht war es gerade die andere Lebensweise, die ihn so begeisterte. Und immer, wenn er mal bei ihm zu Besuch war, hatte er viel über die Natur und im Umgang mit den Tieren gelernt. Scheinbar gab es für seinen Onkel nichts, was er nicht wusste. So schien heute der richtige Zeitpunkt zu sein, das Buch zu lesen. Gerade hatte es auch noch angefangen zu regnen. An seinem Fenster sah er viele Regentropfen, die langsam an der Glasscheibe hinunterliefen.

Das Buch hatte den Titel: „Eine Geschichte zum Leben"

Tim schlug die erste Seite auf. Ganz oben auf der Seite stand das Wort Einleitung.

Der Leser wird sich vielleicht wundern, warum das Buch diesen Titel bekommen hat. Als es geschrieben wurde, war es dem Schreiber selbst nicht bekannt, worüber das Buch handeln sollte. Und nachdem die ersten Sätze zu den Geschichten geschrieben waren, erhielt der Schreiber den Titel. Es werden Geschichten erzählt, in denen es um die Geheimnisse des Lebens und dieser Welt geht. Und alle Leser sollen auf diese Reise mitgenommen werden. Denn es ist ein Buch, das besonders für alle jungen Menschen dieser Welt gedacht ist. Denn sie werden einmal die Zukunft der Welt bestimmen.

Auf der zweiten Seite begann nun die Geschichte:

Daniel hatte von einem wundersamen Planeten gehört, der sich in einer Galaxis mit dem Namen Milchstraße befinden sollte. Viele wollten gerne diesen Planeten mit dem Namen Erde bereisen. Dort sollte etwas geschaffen worden sein, das sich erheblich von anderen Planeten abhob. Es war dort eine Welt entstanden, die eine Vielfalt an Leben bot, wie sie im gesamten Universum nicht noch einmal existierte. Hier hatte Daniel die Möglichkeit, in einem materiellen Körper geboren zu werden. Das war notwendig, um dort Erfahrungen zu sammeln. Diese Erfahrungen waren ihm in seinem jetzigen Zustand nicht möglich. Er besaß wohl einen Körper, doch war es ein geistiger Körper. Vergleichbar war sein jetziger Zustand mit einem durchsichtigen Energiefeld, das zusätzlich noch ein Bewusstsein hatte. Dieses Energiefeld konnte also Ich und somit Daniel zu sich sagen. Und Daniel lebte zurzeit in einer energetischen Welt. Aber in einer grobstofflichen Welt war nun zusätzlich ein Materiekörper notwendig. So wie ihn alle Menschen auf der Erde besaßen. Und aus bestimmten Gründen gab es die Unterscheidung zwischen einem männlichen und einen weiblichen Körper. Daniel entschied sich diesmal für einen männlichen Körper. Um nun auf diesen Planeten Erde zu gelangen, hatte er bereits von Gott die Bewilligung erhalten. Nun brauchte Daniel noch Eltern, die sich bereits auf der Erde befanden. Und auch diese hatte er recht schnell gefunden. Es war eine Vereinbarung aller drei, dass Daniel ihr Kind werden sollte. Seine Eltern hatten eine Liebesverbindung zueinander aufgenommen und somit den Entschluss gefasst, eine Familie zu gründen und ein Kind, also Daniel, zu bekommen. Einige Zeit vor seiner Geburt reiste er durch einen langen dunklen Tunnel direkt in den Bauch seiner Mutter. Natürlich war sein Körper bereits im Mutterleib vorhanden. Und nun war es für ihn bereits möglich, Empfindungen und Stimmungen seiner Mutter gleichsam mitzuempfinden. Wenn sie sich freute, empfand er das genauso als wenn sie sich Sorgen über die nahende Geburt machte. Sein Vater ging mit seiner Mutter sehr liebevoll und achtsam um; auch das alles nahm er wahr. Und nach einiger Zeit erlebte Daniel mit seiner Mutter das Wunder der Geburt. Nun war er endlich in dieser gegenständlichen Welt vollständig mit einem eigenen Körper angekommen. Seine Eltern gaben ihm den Namen Tim.

Tim sah überrascht von seinem Buch auf. Die Geschichte handelte von der Geburt eines Menschen mit seinem Namen. Sollte das Buch direkt für ihn geschrieben worden sein? Oder war das ein Zufall? Wenn das so alles stimmte, dann hatte er ja auch seine Eltern ausgesucht. Und aus seiner Sicht hatte er eine gute Wahl getroffen. Aber sich vorstellen, dass er bereits vor seiner Geburt gelebt hatte, konnte er beim besten Willen nicht. Es war schon interessant, dass die Menschen nicht von diesem Planeten kommen sollten - selbst wenn sie hier geboren waren. Und davon hatte er weder in seinem Schulunterricht noch von seinen Freunden oder sonstigen Menschen gehört. Warum hatte er daran keine Erinnerung? Ob das Buch ihm dazu noch etwas mitteilen konnte? Er las weiter.

Im ersten Lebensjahr lernte Tim, wie jedes andere Kleinkind, sich auch in dieser Welt zurechtzufinden. Er lernte essen, laufen, greifen und die Welt über seine Sinne wahrzunehmen. Dabei war es eine große Hilfe, von solch liebevollen Eltern großgezogen zu werden. Auch die ersten Worte konnte er bald er sprechen. Die Erinnerung an seine Herkunft, also seine wirkliche Heimat und Geburt, vergaß er, wie es bisher die meisten Menschen ihrerseits getan hatten. Und einige Zeit später begann für ihn die Zeit im Kindergarten an. Dort lernte er noch weitere Kinder kennen und Freundschaften zu schließen. Seine Eltern unternahmen mit ihm an den Wochenenden oft kleine Reisen in die nähere Umgebung. Sie waren gemeinsam an verschiedenen Seen und in den Bergen unterwegs. Aber auch lange Wanderungen durch den Wald, bei denen er oft von seinem Vater einen Teil der Strecke getragen wurde, wurden von der kleinen Familie unternommen. So lernte er die Welt noch besser kennen. Selbst die Küstenlandschaften am Meer bereisten seine Eltern mit ihm in ihren Sommerurlauben. Das war natürlich ein besonderes Erlebnis für ihn. Denn alles was nicht alltäglich oder schnell erreichbar für ihn und seine Eltern war, hatte etwas ganz Besonderes. Hätte er nur die Zeit in seinem Zimmer verbracht, dann hätte er nur sehr wenig von der Welt gesehen oder erfahren. Sicherlich hätte er

Bücher gelesen, doch was hätte es genutzt, die Welt nur theoretisch kennenzulernen? Das wirkliche Leben fand nun mal draußen statt.

Und später in der Schule erfuhr er dann, was ein theoretischer Unterricht war. Leider hatten die Menschen im Laufe der Jahrtausende dem theoretischen Unterricht viel mehr Raum in den Schulen gegeben als den praktischen Dingen, die in einem Leben wichtig waren. Tim wurde ein guter Schüler, der bei seinen Lehrern sehr beliebt war. Im Alter von 15 Jahren war er selbstbewusst und weiterhin vielseitig interessiert. Nur erfahren, was das Leben wirklich ausmacht, das hatte er nicht. Seine Eltern halfen ihm dabei so gut wie möglich. Aber auch sie hatten von ihren Eltern nur eine bedingte Unterstützung erfahren können. Denn im Laufe der Jahrtausende hatten die Menschen so einiges verlernt. Darum sollte dieses Buch eine Hilfestellung bieten für die Lebensfragen, die die meisten Menschen nicht oder nur vage beantworten können.

Tim unterbrach seine Leseaktion und holte sich aus der Küche ein Glas Orangensaft. Wie sollte das Buch nun weitergehen? Fragen zum Leben und diesem Planeten hatte er schon. Nur war er immer davon ausgegangen, alles Notwendige in der Schule von seinen Lehrern oder seinem Vater zu lernen. Neugierig las er weiter.

Geschichte des Erlebens

Das Spiel des Lebens beginnt mit der Geburt. Es ist von der Schöpfung vorgesehen, dass sich der Mensch an seine Geburt und Herkunft nicht mehr erinnert. Es geht darum, sich mit seinem freien Willen in dieser gegenständlichen bzw. materiellen Welt zurechtzufinden. Somit kann jeder Mensch vielfältige Erfahrungen während seines Lebens sammeln. Scheinbar ist jeder Mensch ein selbstständiges Wesen, das über sein Leben weitgehend selbst entscheiden kann.

Und diese scheinbar befristete Existenz findet durch den Tod des Körpers ihr *Ende. Doch die göttliche Einheit in jedem Menschen* kann weiterleben, nur ist das heute den wenigsten Menschen wirklich bewusst. Und zu diesem Spiel der Schöpfung gehört die Rückbesinnung auf den eigenen Ursprung - also zum eigentlichen Ausgangspunkt des Lebens. Und damit ist der Ursprung allen Lebens gemeint. Die Menschen sind auf der Erde, um in einem Körper Erfahrungen zu sammeln. Dabei sollten Erziehung und Bildung die Basis für jeden Menschen bilden. Das Ziel ist es, das Leben zu leben und zu erleben. Es geht nicht darum, dass der eine Mensch besser oder schlechter ist als der andere. Ein Wettkampf wird immer Sieger und Verlierer hervorbringen. Das war von der Schöpfung nie so angedacht. Die Menschen selbst haben diese Begriffe wie Sieger und Verlierer geschaffen. Und damit werden ähnlich wie in Indien Kasten, also Bereiche geschaffen, die Menschen nach diesen oder anderen Kriterien unterteilen. Auch Reichtümer anzuhäufen, die dann die Möglichkeit bieten, sich als reich und nicht als arm zu fühlen, ist dem menschlichen Ego bzw. Ich-Anspruch entsprungen. Die Menschen dieser Welt haben dadurch erst die Probleme geschaffen, mit denen die Kinder bzw. Menschen jetzt und in der Zukunft konfrontiert werden. Jeder Mensch hat die Möglichkeit entsprechend seiner Veranlagungen dazu beizutragen, die Welt zu einem noch lebenswerteren Ort für die Menschengemeinschaft zu machen. Hierbei geht es um den Nutzen für die Gemeinschaft. Sei es nun in den mitmenschlichen oder allgemeinen Lebensbereichen. Natürlich immer unter der Berücksichtigung, dass die Ressourcen dieser Welt nicht aufgebraucht werden.

Und das bedeutet auch, dass ein Mensch nicht hochmütig werden muss, weil er irgend etwas besser kann als ein anderer. Ob er nun Kraft seines Amtes oder seiner Veranlagungen eine Führungsrolle einnimmt, spielt dabei keine Rolle. Kein Mensch ist wertvoller oder geringer anzusehen. Genau genommen sind alle Menschen miteinander verwandt. Sie tragen alle die gleiche göttliche Einheit, also den gleichen göttlichen Kern in sich. Denn es gibt nun mal nur eine Schöpfung. Jede Religion ist als gleichwertig anzusehen. Aber nicht jeder Mensch muss nun einer bestimmten Religion folgen oder angehören. Wenn alle Menschen den göttlichen Kern bereits in sich tragen spielt es keine Rolle mehr, welcher Glaubensrichtung sie angehören wollen. Es wird eine Zeit kommen, in der die Menschen um ihre Verbindung zueinander wissen werden. Und somit werden die heutigen Unterschiede in diesen und anderen Lebensbereichen wegfallen. Jeder Alleinanspruch einer Region bedeutet gleichzeitig eine Trennung von der Schöpfung und somit von Gott. Ein Mensch, der keiner Religion oder Glaubensrichtung angehört, ist darum nicht schlechter oder bessergestellt. Maßgeblich ist, dass der Mensch sich nicht als Zufallsprodukt ansieht und sich auf die Suche macht. Diese Suche nach sich selbst und somit Gott trägt den Namen „Selbstverwirklichung". In der heutigen Zeit wird dieser Begriff von den Menschen fast ausschließlich falsch verstanden. Es geht den Menschen nur darum, ihr Ego zu verwirklichen. Es sind die gedanklichen Vorstellungen, die ein Mensch benutzt, um sich scheinbar zu verwirklichen. Also seinen Ich-Anspruch in den Mittelpunkt seines Lebens zu stellen. Es geht nicht darum Karriere zu machen, Reichtümer anzusammeln oder extravagante Reisen durchzuführen. So etwas hat die Schöpfung nie geplant bzw. angedacht. Der Unterschied zur wirklichen Selbstverwirklichung liegt bereits im Begriff. Das Selbst ist der göttliche Kern eines jeden Menschen. Das Ego oder den Ich-Anspruch entwickelt der Mensch im Laufe seines Lebens mehr oder weniger selbst. Und diese beiden Einheiten können im Leben eines Menschen sehr gegensätzlich zueinanderstehen. Dieser Ego- oder Ich-Anspruch bietet erst die Möglichkeit, sich als eigenständiger Mensch zu erkennen. Die Schöpfung wollte damit den inkarnierten geistigen Wesen ermöglichen, in aller Freiheit das

Leben zu leben und zu erleben. Und mit diesem Ich-Anspruch ist auch der freie Wille verbunden. Was dann leider die meisten Menschen dazu verwendet haben, sich auf diesen Irrweg „Ego-Anspruch" zu begeben. Und so verschwand die ehemals noch bekannte göttliche Verbundenheit immer mehr aus dem Bewusstsein. Heute sehen sich die meisten Menschen als selbstständige und von Gott unabhängige Personen. Bei vielen Gläubigen kommt noch ein Minderwertigkeitsgefühl Gott gegenüber hinzu. Wie man nun aus der Situation herauskommt und den Kontakt zu diesem „Selbst" aufnimmt bzw. zur Selbstverwirklichung kommt, wird später im Buch erklärt.

Tim schaute von seinem Buch auf. Draußen regnete es immer noch. Nun war Tim auch klar, warum er sich nicht an ein Leben vor seiner Geburt auf der Erde erinnern konnte. Und scheinbar war es wohl so, dass der Mensch sich irgendwann einmal im Leben auf die Suche nach sich selbst machen sollte. Ob sein Onkel vielleicht mehr dazu wusste? Denn der hatte ihm schließlich das Buch geschenkt. Die nächste Seite begann mit:

Geschichte des Glaubens

Das Wissen eines Menschen fängt immer mit dem Glauben an. Zuerst wird das Kind seinen Eltern Glauben schenken. Und wenn das Kind dann selbst überprüft, dass eine Herdplatte heiß werden kann, entsteht aus dem Glauben Wissen. Und alles, was der Mensch glaubt, sollte von ihm - wenn möglich -selbst überprüft werden. Das wird im Leben nicht immer erreichbar sein. Zum Beispiel reist nicht jeder Mensch in seinem Leben nach Australien um zu überprüfen, ob es dieses Land auch wirklich gibt. Auch das, was uns Wissenschaftler oder Politiker im Rahmen von komplexen Zusammenhängen erklären, wird der Einzelne nicht selbst überprüfen können. Das sollte aber keinen Menschen davon abhalten, sich selbst ein Bild und eine Meinung von den Dingen dieser Welt zu bilden. Eine Gefahr für jeden Menschen liegt darin, einem anderen Menschen Macht über sich und somit seinem Leben zu geben. Bei den Eltern oder Erziehungsberechtigten ist dies aber von der Schöpfung gewollt. Nur besteht für einige Menschen die Gefahr, im späteren Leben einer weiteren Person diese Möglichkeit einzuräumen. Wichtig ist, dass kein Mensch die Macht über sein Leben an einen anderen Menschen abgibt. Und zusätzlich ist sehr darauf zu achten, in keine Abhängigkeit zu kommen. Diese kann sich nun auf die Gefühlsebene oder auch auf den materiellen Bereich beziehen. Im Laufe der Jahrtausende haben es immer wieder Menschen aus eigennützigen oder gemeinnützigen Gründen verstanden, anderen Menschen ihre Gedankenwelt näher zu bringen. Und das geschah oft sogar in voller Absicht. Die Religionsgründer zum Beispiel taten das immer mit der Verfolgung eines Ziels: Sie gaben den Menschen Regeln, wie diese leben sollten. Und solche Regeln und Verhaltensweisen gaben dem Leben eines Menschen Struktur und Ordnung, so, wie auch heute noch viele Gläubige nach den Regeln einer Religion leben. Die Religionen bieten Richtlinien für ein gottgefälliges Leben an. Auf diese Weise sollen die Gläubigen die Sicherheit bekommen, bei einem konformen Leben näher zu Gott zu kommen.

Neben den Religionen entstanden aber auch politische Systeme. Und auch bei diesen sollten die Menschen an die besten Absichten der Kaiser, Könige und großen Führer glauben. Nur sah die Realität für die meisten Untertanen dann völlig anders aus. Es ging und geht auch heute noch um Unterdrückung von Menschen bis hin zu einem gesamten Volk. Doch das alles dient nur dem Wohl eines kleinen Kreises, der sich an der Macht befindet. Dabei wollen manche dieser Diktatoren auch noch als Gott angesehen werden und achten tunlichst darauf, alle Religionen zu verbieten oder zu unterdrücken. Nun gibt es in diesen politischen Systemen immer Menschen, die man als Mitläufer bezeichnen kann. Der Nutzen für sie liegt meist darin, einen Studienplatz für ihre Kinder oder einen Arbeitsplatz für ihre Loyalität zu erhalten. Und somit bekommen sie eine gewisse Sicherheit. Dieser Sicherheitsgedanke bzw. diese Vorstellung wird sich erst dann auflösen, wenn die Menschen staatliche Unterstützung benötigen, die dann teilweise oder gar nicht gewährt wird. Auch die zwangsläufige Ungerechtigkeit und Willkür in diesen Systemen führt dazu, dass die Unzufriedenheit der Menschen wächst. Somit sollten alle Glaubensvorstellungen, die von wem auch immer vorgegeben werden, so weit wie möglich überprüft werden.

Tim legte sein Buch zur Seite und ging wieder in die Küche. Diesmal setzte er Wasser auf, um sich einen Tee aufzubrühen. Es war ein asiatischer Tee, den seine Mutter in einem Chinaladen in der Innenstadt gekauft hatte. Er roch und schmeckte leicht nach Jasmin. Tim fand es immer wieder interessant, Lebensmittel und Getränke aus einem anderen Teil der Welt zu probieren. Ebenso verhielt es sich vielleicht auch mit dem Glauben. Nur zu wissen, dass es solchen Tee gab, brachte einen nicht wirklich weiter. Aber diesen dann zu trinken und selbst den Geschmack wahrzunehmen, das war schon etwas ganz anderes. Tim schlug das Buch wieder auf. Es folgte die:

Geschichte der Macht

Nun haben bereits seit Jahrtausenden Menschen immer wieder den Wunsch gehabt Macht auszuüben. Schon in der der Geschichte des Glaubens spielte Macht eine wichtige Rolle. So wurde in der Weltgeschichte oft die Macht benutzt, Menschen zu unterdrücken und gefügig zu machen. Und hierbei standen das vermeintliche Wohl und der Status des Mächtigen, sei es nun ein Herrscher, König oder anderer Adliger im Vordergrund. Daran hat sich auch heute leider nur wenig geändert. Auch wenn sicherlich einige Staatssysteme den Menschen mehr Rechte einräumen, als es noch im Mittelalter der Fall war. Selbst in unseren westlichen Gesellschaften haben Geschäftsführer und Eigentümer von Unternehmen sehr oft eine noch rückständige Mitarbeiterführung. Diese zeichnet sich dadurch aus, dass der Mitarbeiter als Humankapital angesehen wird. Also als menschliches Kapital, welches Umsatz und Gewinn erzielen muss.

Wird Macht positiv eingesetzt, so steht das Wohl und der Nutzen eines oder mehrerer Menschen im Vordergrund - und das möglichst unter Berücksichtigung von Umweltinteressen. Mit „eines Menschen" ist nicht die Macht des ausführenden Menschen gemeint. Macht kann ein Mensch aufgrund seines Amtes oder Status automatisch zugesprochen bekommen. Zum Beispiel der Sohn eines Firmenbesitzers oder ein Mensch nach einem erfolgreich abgelegten Studium. In dieser Welt gibt es aber auch Menschen, die andere wiederum begeistern können, hierbei kann es sich um eine Idee oder Ideologie handeln. Darüber hinaus gibt es eine geistige Macht, die meist mit einer großen Abhängigkeit zu einem bestimmten Menschen einhergeht. Dies kann ein Freund, Freundin, Partner oder auch ein scheinbar religiöser Mensch sein. Notwendig sind hierfür aber immer zwei Seiten. Es muss einen geben, der diesen Anspruch ausnutzt und einen, der diesen Menschen Macht über sich und seinem Leben einräumt. Wenn ein Mensch diese Manipulation erlebt und erkannt hat, dann verlieren jegliche weiteren Manipulationsversuche ihre Wirkung.

Leider haben die meisten Menschen in ihrem Leben eher die negativen Erfahrungen erlebt. Bereits in der Kindheit kann ein Mensch negativ zum Thema Macht geprägt geworden sein. Besonders verwerflich ist es, wenn Kinder diese Unterdrückung erfahren. Das können die Eltern oder auch Großeltern bewusst oder unbewusst getan haben. Meist beziehen sich die Menschen darauf, in ihrer eigenen Kindheit keine Liebe und Unterdrückung erfahren zu haben. In manchen Fällen kommt noch hinzu, dass die Kinder ihre Kindheit nicht leben durften. Sie mussten z.b. Aufgaben und Verantwortung in der Familie übernehmen, die an für sich nur von Erwachsenen erledigt werden sollten. Und das alles kann dazu führen, dass diese Kinder als Erwachsene dann selbst diese Macht bei schwächeren Menschen ausüben. Durchbrechen kann ein Mensch solch eine Entwicklung nur, wenn er sich mit sich und seiner Person beschäftigt, also sich selbst und sein Verhalten infrage stellt und somit zu einem bewussteren Leben kommt. Diese schlechten Erfahrungen dürfen nicht das weitere Leben bestimmen. Und der Leitsatz von einigen Menschen "Bei meinen Eltern war das auch nicht anders" hat in unserer heutigen Zeit nichts mehr zu suchen.

Von der Macht zur Sucht

Denken Sie daran, Sie sind auf dieser Welt, um Freude zu erleben, Freude weiterzugeben und Erfahrungen zu machen. Das Leben ist und war als ein Spiel von der Schöpfung angedacht. Aber leider haben die Menschen aufgrund ihres freien Willens und ihrem Ego-Anspruch dieses Spiel erheblich gestört und behindern es heute noch. Seit Ende des letzten Jahrhunderts hat sich eine Medienlandschaft entwickelt. Heute hat es dazu geführt, dass bereits Kinder ein Handy, einen Laptop oder Homecomputer mit einer dazugehörigen Spielkonsole besitzen. Und diese Entwicklung wird auch weiterhin schnell fortschreiten. Besonders die Marketingspezialisten haben erkannt wie man Menschen abhängig macht. Es geht darum, immer das Neueste und somit Beste zu besitzen. Und oftmals stärken die Menschen dadurch noch ihren Ego- bzw. Ich-Anspruch. Immer nach der Devise: „Ich habe etwas Tolles und bin dadurch auch ein toller Typ." Dadurch erhoffen sie sich Anerkennung und die Bewunderung von anderen. Die Problematik liegt für die jungen Menschen darin, dass die Erwachsenen als vermeintliche Vorbilder solch ein falsches Verhalten bereits vorleben, worauf die wirklichen Erfahrungen und die persönliche Entwicklung der menschlichen Werte in den Hintergrund treten. Genau genommen entwickelt sich für die Menschen dadurch eine Sucht. Die Sucht nach dem Besitz des neuesten und somit immer besseren und größeren Produkts. Aber auch die Sucht nach Anerkennung kann dadurch in den Mittelpunkt des Lebens treten. Die Sucht wird zum Lebensinhalt und nimmt eine viel größere Wichtigkeit ein, als beispielsweise auf einer Wiese zu sitzen und auf einen See zu blicken.

Eine Sucht ist immer ein gewaltsames Suchen. Gewaltsam, weil sich eine Sucht letztlich gegen sich selbst richtet. Und hier bietet unsere Welt bzw. dass Leben eine Vielzahl von Suchtmöglichkeiten an. Neben den erwähnten technischen Errungenschaften können es aber auch Fernsehsendungen, eine Sammelleidenschaft, Drogen und vieles mehr sein. Oder auch die Sucht nichts zu essen, weil man dadurch in der Öffentlichkeit das Bild einer trendigen Person widerspiegelt. Es wird ein Wunschbild übernommen, das von der Gesellschaft oder einigen wenigen sogenannten erfolgreichen Menschen weitergegeben wird. Somit kann es bereits ein gedankliches Bild sein, das dazu führt, süchtig zu werden. Aber auch die Möglichkeit Macht und dadurch einen bestimmten Status in dieser Welt zu haben, kann zur Sucht führen. Das sind dann die Menschen, die bis ins hohe Lebensalter an Ihrer beruflichen oder gesellschaftlichen Position festhalten. Denken Sie an die Geschichte zum Glauben. In diesem Zusammenhang haben Sie bereits etwas über die Abhängigkeit erfahren. Macht und Sucht sind eng miteinander verbunden. Denn wenn Sie süchtig werden, geben sie selbst ihre Macht über einen bestimmten Lebensbereich ab. Letztlich ist eine Sucht immer ein Ausgleich, weil irgendetwas im eigenen Leben nicht stimmig ist. Es ist eine Suche. Nur die wenigsten Menschen erkennen, was sich wirklich hinter dieser Suche verbirgt.

Tim überlegte. Negative Macht hatte er so noch nicht kennengelernt. Er war wohl nicht immer mit den Entscheidungen seiner Eltern, die ihn betrafen, einverstanden gewesen, doch als negativ konnte er das nicht bezeichnen. Bei anderen Eltern seiner Klassenkameraden war das schon eher möglich. Besonders bei Florian. Tim wusste, dass sein Vater Alkoholiker war. Und wenn er wieder mal betrunken war, schlug er oft grundlos auf seinen Sohn ein. Florian hatte in der Schule schon oft seine Wut über seinen Vater geäußert. Jedenfalls schien so eine Art von Sucht auch noch die Menschen im Umfeld des Süchtigen zu beeinträchtigen. Aber sicherlich hatte jede Art von Sucht auch Auswirkungen auf die Familie. Auch wenn Gewalt nicht angewandt wurde.

Die Stille

Das Leben ist in der heutigen Zeit scheinbar so aufgebaut, dass man schneller lebt, immer unter Zeitdruck handelt und immer und überall erreichbar ist. Die Möglichkeit zur Ruhe zu kommen, findet meist nur noch im Schlaf statt. Wobei es bereits Menschen gibt, die auch in diesem Teil ihres Lebens bereits Schwierigkeiten haben. Nicht umsonst nehmen viele Erkrankungen in diesem Bereich zu. Es ist bereits ein Leben, das mit dem ursprünglich angedachten Leben nur noch sehr wenig gemein hat. Der Mensch handelt somit gegen sich selbst - somit gegen die Schöpfung - und wird dadurch zwangsläufig krank. Es ist keine Strafe, die uns von der Schöpfung auferlegt wird. So etwas gibt es nicht. Der Mensch verursacht seine Krankheit durch sein eigenes Verhalten selbst.

Es gibt in der heutigen Zeit sicherlich viele Menschen, die Angst vor der Stille haben. Sie fürchten sich, nur auf sich selbst zurückgeworfen zu sein. Sicherlich kennen auch Sie als Leser viele Menschen, die vom Aufstehen bis zum Abend Radio hören oder einen Fernseher eingeschaltet haben. Dieses Verhalten hilft ihnen, sich selbst wahrzunehmen und somit ihr eingeschränktes Leben zu erleben. Stille würde aus ihrer Sicht gleichzeitig Stillstand und Tod bedeuten. Und so fliehen sie vor sich selbst in diese scheinbar reale Welt. Nun ist es zusätzlich schwierig, im täglichen Leben einen Ort zu finden, an dem Ruhe - also weitgehende Stille - vorherrscht. In den Städten sind es eher noch die Kirchen, die nicht von Touristen heimgesucht werden. Oder die Möglichkeit, in seinen eigenen 4 Wänden einen Bereich einzurichten, in dem man sich geborgen und aufgehoben fühlt. Christen würden in einem solchen Wohnungsbereich eine Marienfigur, ein Kreuz oder Ähnliches aufstellen bzw. aufhängen. Andere Religionsangehörige hätten dort vielleicht einen schönen Wandteppich oder eine religiöse Figur stehen. In diesem Zusammenhang kurz der Hinweis: Es ist von der Schöpfung gewollt, dass wir uns von Gott ein Bild machen. Also stellvertretend für sie bzw. ihn können wir eine Figur oder ein für uns heiliges Bild aufstellen. Nur muss es für die Christen nicht ausgerechnet ein "Gekreuzigter" sein. Wenn es nach der Schöpfung gehen würde, sollten die gesamten gekreuzigten Jesusfiguren vom Kreuz genommen werden. Es geht dabei um das falsche Bild unter den Christen auf dieser Welt, dass das Leben aus Leid besteht. Und das war nie Sinn der Schöpfung. Der Weg zur Stille ist der Weg der Meditation. Das ist die einzige Möglichkeit für jeden Menschen, sich seiner wirklichen Herkunft wieder gewahr zu werden. Der Weg der Stille führt zum eigenen göttlichen Kern und somit zum Schöpfer/Schöpferin. Sie werden im Außen die Schöpfung wahrnehmen, aber nur im Innern mit dieser auch sprechen können. Und neben der Angst vor der Stille gibt es auch die Angst, mit Gott in Verbindung zu treten. In diesem Zusammenhang ist es notwendig, die eigenen Sichtweisen und festgelegten Meinungen und Vorstellungen zu überprüfen. Es sind oft die folgenden Fragen: 'Bin ich es wert, mich direkt an Gott zu wenden? Darf ich das überhaupt? Bin ich nicht zu hochmütig? Ist solch ein Kontakt nur Vertretern der Kirche oder einer Religion vorbehalten? Will er überhaupt etwas von mir wissen? Habe ich nicht zu oft bereits gesündigt? Bin ich nicht ein schlechter Mensch? Bin ich bisher nicht unfähig gewesen, mein Leben zu leben?' Die Aufzählung ähnlicher Fragen in diesem Zusammenhang wäre unendlich weiterzuführen. Verlassen Sie diese Gedanken und Vorstellungen. Dahinter versteckt sich nur eine Vorstellung bzw. ein Gefühl von Minderwertigkeit. Und dieses Minderwertigkeitsgefühl ist genauso hinderlich in einem bewussten Leben wie es ein Überwert ist. Mit Überwert ist Hochmut gemeint. Der Maßstab, nach dem wir nach unserem Leben beurteilt werden, wird ein anderer sein, als Sie sich jetzt vorstellen. All diese Fragen begrenzen sie nur. Sie legen sich selbst die Grenzen auf, die Sie dann entsprechend einengen. Und einen Grund, warum Sie es nicht wert sein sollten, diese Möglichkeit wahrzunehmen, gibt es nicht. Es ist ein Abenteuer, sich während des Lebens in dieser Welt zurück zu besinnen und den bewussten Kontakt wieder zu suchen. Dieser Kontakt ist nie abgebrochen. Denn wenn Sie bereits einen göttlichen Kern in sich tragen, dann kann dieser auch nicht verloren gehen. Sie sind genauso wie jeder Mensch ein Kind oder eine Tochter der Schöpfung und somit von Gott. Und genau genommen unterscheiden Sie sich von Maria, Jesus oder einem wirklich Heiligen nur darin, dass Ihnen die Sicht noch verborgen ist. Zusätzlich kann auch ihre Lebensaufgabe in einem anderen Bereich liegen. Aber Sie sind ein Teil der Schöpfung und haben, wie Sie später im Buch noch erfahren werden, die Möglichkeit, diese Welt zu verändern. Aber zuerst zu der Frage: 'Wie kommt nun der Mensch zu dieser Stille?' Der Weg zu der Stille führt über die folgende Meditationsübung. Wenn sie mit Meditation bisher keine Erfahrungen gemacht haben, umso besser. Auch in der heutigen Welt geben Menschen in Seminaren viele Irrwege weiter. Und das manchmal auch aus ihrer vollen Überzeugung, das Beste und Richtige zu tun und zu verbreiten. Die Meditationsübung, die ich den Lesern gleich weitergebe, hat ihren Ursprung nicht in meiner Fantasie. Genau wie das gesamte Buch. Fangen Sie nicht an, etwas zu verändern, abzukürzen oder verbessern zu wollen. Damit werden nur der eigentliche Sinn und die dahinter liegende Wahrheit verdreht oder verdeckt. Es ist immer die Einfachheit, die zum Ziel führt. Nur die Menschen neigen dazu, Dinge zu verkomplizieren.

Tim legte das Buch beiseite. Bisher war es immer so gewesen, dass er die Stille nie gesucht hatte. Denn das Leben war doch gerade dadurch interessant, viel zu unternehmen und zu erleben. Er konnte sich noch an die Urlaube am Meer erinnern, bei denen er mit seinen Eltern am Abend den Sternenhimmel angeschaut hatte. Und dabei wurde einige Zeit nicht gesprochen. Das gleiche galt auch bei Wanderungen, wenn er von einem Berg in ein Tal mit seinem Vater geblickt hatte. Worte waren nicht nötig. Es war einfach beeindruckend gewesen. Doch jetzt sollte er nach diesem Buch selbst die Stille suchen und durch die folgende Meditationsübung auch finden. Interessant fand er es schon, Kontakt mit seinem göttlichen Kern aufzunehmen. Aber was sollte er da denn erfahren? Und wie sollte die Meditationsübung ablaufen? Tim lass erst einmal weiter.

Meditationsübung

Beobachten Sie jetzt, zu diesem Zeitpunkt, Ihren Atem. Atmen Sie ruhig oder atmen Sie zurzeit schnell? Wichtig ist es, dass Sie zur Ruhe kommen. Ein Mensch, der in Eile oder aufgewühlt ist, wird automatisch schnell atmen. Wenn Sie wirklich ruhig sind, dann wird sich Ihr Atem ebenso verhalten. Das sollte für Sie ein wichtiges Merkmal sein. Und Sie sollten die Meditationsübung erst beginnen, wenn Sie ganz ruhig atmen.

Setzen Sie sich auf einen Stuhl. Dieser Stuhl sollte eben stehen. Ihre Füße, mit oder ohne Schuhe, haben direkten Kontakt mit der Erde bzw. dem Boden des Raumes. Ihr Rücken sollte gerade aufgerichtet sein und Ihre Hände liegen nach oben geöffnet auf Ihren Oberschenkeln.

Lehnen Sie sich nicht an. Die Stühle haben meist eine gewölbte Rückenlehne. So ist die gerade Rückenhaltung nicht zu bewerkstelligen.

Und nun schließen Sie die Augen. Gehen Sie im Bewusstsein von Ihren Augen zum Anfang Ihrer Wirbelsäule. Von dort gehen Sie jeden einzelnen Wirbel Ihrer Wirbelsäule langsam herunter, bis Sie das Ende erreicht haben. Das Ende wird auch als Steißbein bezeichnet. Lassen Sie sich für diesen Weg Zeit und gehen Sie achtsam diesen Weg. Wenn Sie dort angekommen sind, dann lassen Sie sich mit Ihrem Bewusstsein in Ihr Hüftbecken fallen. Und dort bleiben Sie. Sie befinden sich nun in einem geschützten Raum in Ihrem Becken.

Was empfinden Sie? Nehmen Sie alle Eindrücke wahr, ohne Wertung. Hier können Sie SEIN. Sie müssen nichts erreichen oder tun. Sie sind einfach nur. Vielleicht steigen einige Gedanken in Ihnen auf. Nehmen Sie diese und setzen Sie sie in Ihrer Vorstellung auf eine Wolke. Und senden Sie die Wolke in Ihrer Vorstellung weg.

Den Rückweg aus Ihrem Becken beginnen Sie dann am Steißbein und von dort gehen Sie achtsam in Ihrem Tempo die Wirbelsäule, Wirbel um Wirbel, wieder hinauf. Am Anfang der Wirbelsäule angelangt gehen Sie mit Ihrem Bewusstsein wieder zu Ihren Augen und öffnen Sie diese. Und nun danken Sie, ob Sie etwas erlebt haben oder auch nicht. Wichtig ist, dass Sie danken und zwar dem, den Sie als das Höchste im Universum ansehen.

Wird die beschriebene Meditationsübung nach einiger Zeit des Übens mindestens zweimal am Tag durchgeführt, so wird sich das Leben und Erleben eines jeden Menschen verändern. Dieser Weg ist der direkte und bewusste Weg, mit seiner eigenen göttlichen Instanz in Berührung zu kommen. In der Zukunft wird diese Kontaktaufnahme für jeden Menschen, zu jedem Zeitpunkt in seinem Leben auf der Erde möglich und somit üblich sein. Gehen Sie Ihrer und der Zukunft dieser Weltentwicklung entgegen.

'Das ist also die Meditationsübung zur Stille', dachte Tim. 'Nun, dann probiere ich sie gleich einmal aus. Aber vorher muss ich mir den Ablauf einprägen'. Natürlich war er aufgeregt. So eine Reise zu sich selbst hatte Tim noch nie gemacht. Und zusätzlich war er auch etwas unsicher, was ihn erwarten sollte. Also achtete er auf seinen Atem, der mit der Zeit immer ruhiger wurde. Und so führte Tim nach der Anleitung alle Schritte aus. Im Becken angekommen, hatte er viele Gedanken. Es waren Gedanken zu seinem Onkel Hans, von dem er das Buch bekommen hatte. Dann natürlich auch Gedanken zu dem Sinn dieser Meditationsübung. Auch Gedanken zu seinen bisherigen Ferienerlebnissen waren dabei. Natürlich stellte er sich vor, wie er jede seiner einzelnen Frage auf eine Wolke setzte und sie wegschickte. Aber ohne Gedanken zu sein, schien ihm jedenfalls zum jetzigen Zeitpunkt als nicht machbar. Und als er die Meditationsübung beendete hatte konnte er nicht sagen, wieviel Zeit vergangen war. 'Interessant', dachte Tim. 'Ich bin bei klarem Bewusstsein und doch empfinde ich meinen Körper als sehr leicht und kaum vorhanden. Was für Erfahrungen im Leben eines Menschen möglich sind'. Er brauchte noch etwas Zeit, bis er das Buch wieder nahm, um weiter zu lesen.

Das ist nun der Weg zur Stille und die Möglichkeit, mit der eigenen göttlichen Einheit bzw. seinem Selbst in Kontakt zu treten. Der Weg hat nichts mit Fantasievorstellungen des Verstandes zu tun. Diese Reise zu sich selbst und somit zu Gott verdient wahrhaftig den Namen Selbstverwirklichung. Und von dieser Wissensbasis aus können Sie zu jederzeit diese Meditationsübung durchführen, am besten zweimal am Tag (am Morgen und Abend eines Tages). Die Zeiteinheit hierfür kann wenige Minuten betragen. Aber gehen sie langsam vor. Alles hat seine Zeit. Sie müssen nichts beweisen oder erreichen. Setzen sie sich nicht unter Druck. Nur unser tägliches Leben setzt uns unter Druck, soweit wir dem nachgeben. Genau genommen beinhalten Sie bereits alles was Sie neu entdecken werden. Der Vorhang, der unsere Sicht oftmals behindert, wird beiseite geschoben. Und wie auf der Bühne im Theater wird man zuerst Zuschauer eines kleinen Bereiches. Man schaut durch ein Loch im Vorhang und später wird dieser Vorhang komplett beiseite geschoben. Das geht bei dem einen Menschen schneller und bei einem anderen etwas langsamer. Verlieren Sie aber nicht das Ziel aus den Augen. Das Ziel ist die Bewusstwerdung Ihrer verkörperten Person und Ihrer Verbindung zu unserem Ursprung - also die Selbstverwirklichung.

Für heute reichte es Tim erst einmal. Er hatte viel Neues gelesen, diese Meditationsübung durchgeführt und war sehr nachdenklich geworden. Besonders diese Meditationsübung hatte es ihm angetan. Und beim Abendbrot wollte er seine Eltern auch auf die gelesenen Inhalte des Buches ansprechen. Und so geschah es am Abend. Ohne nun auf die Einzelheiten des Gespräches zwischen Tim und seinen Eltern einzugehen wurde er von beiden motiviert, weiter zu lesen. Er sollte zusätzlich Kontakt zu seinem Onkel Hans aufnehmen. Denn dieser wusste bestimmt noch mehr zu berichten, warum er Tim das Buch geschenkt und was es letztendlich mit dem Buch auf sich hatte.

Da Tim zur Zeit Ferien hatte, begann er gleich am Morgen des nächsten Tages weiterzulesen. Das nächste Kapitel lautete:

Geschichte der Selbstverwirklichung

Die Selbstverwirklichung, im wahrsten Sinne des Wortes, beginnt damit, dass der Mensch vom Glauben zum Wissen kommt. Also sich aufmacht selbst zu erfahren, dass er mehr ist, als nur sein sichtbarer Körper. Es gehört zum Spiel des Lebens, dass der Mensch vergessen hat, woher er kommt. Dieses Spiel hat das Ziel, sich zurück zu besinnen. Das geschieht dadurch, dass der Mensch nicht im Außen, also in der sichtbaren Welt sucht. Er muss sich nach innen orientieren, also in die Stille gehen. Wichtig ist für jeden Menschen zu erkennen, worin seine Lebensmotivation liegt. Also seine persönliche Lebensaufgabe. Und diese persönliche Lebensmotivation muss nun nicht darin liegen, irgendetwas zu gründen und nur dafür noch zu leben. Erinnern Sie sich daran. Die allgemeine Lebensaufgabe wurde bereits am Anfang unserer Geschichte erwähnt. Das Leben ist ein Spiel. Und die Dinge des Lebens sind die Spielsachen des Menschen. Und diese Spielsachen sollten auch Spielsachen bleiben. Sie werden nach dem Tod auf der Erde zurückgelassen.

Aber wie kommen Sie nun zu Ihrer persönlichen Lebensaufgabe? Wie erfahren Sie mehr darüber? Ihr Verstand wird da nicht sehr hilfreich sein. Die meisten Menschen in der heutigen Zeit begründen aber gerade durch ihren Verstand ihre Berufswahl. Dabei geht es um Karriere, Macht und möglichst viel Geld zu verdienen. Das hat in unserer Zeit dazu geführt, dass die meisten Menschen unglücklich sind. Sie leben ein Phantomleben, das sie angenommen haben, um nach Außen erfolgreich zu sein. Und meist führt es in eine Sucht oder Abhängigkeit, wie sie bereits in der Geschichte der Macht beschrieben wurde. Würde jeder Mensch auf der Erde seine persönliche Lebensmotivation kennen, dann hätte sich die Welt und Menschheit bis zum heutigen Zeitpunkt anders entwickelt. Und zwar zum Wohle aller Lebewesen, wobei aus göttlicher Sicht auch die Erde ein Lebewesen darstellt.

Der Weg zum Erkennen bzw. Erfahren der persönlichen Lebensmotivation führt auch über die Stille. Also über die Ihnen bekannte Meditationsübung mit einem kleinen Unterschied. (Frage im Herzen stellen) Und auch hier nochmals die Meditationsübung. Denken Sie daran, die Meditationsübung ist wichtig. Sie hilft Ihnen, zu ihrer Lebensmotivation und somit zu ihrer Selbstverwirklichung zu finden. Wenn Sie diese nicht direkt erfahren, dann machen Sie trotzdem diese Meditationsübung immer wieder. Die Beantwortung Ihrer Fragen kann sofort oder nach einiger Zeit erfolgen. Das kann neben Worten, die Ihnen gesagt werden, auch über Bilder geschehen. Möglicherweise erhalten sie durch einen Traum die Antwort, die Sie für benötigen.

Meditationsübung

Beobachten Sie wieder, zu diesem Zeitpunkt, Ihren Atem. Atmen Sie ruhig oder atmen Sie zurzeit schnell? Wichtig ist es, dass Sie zur Ruhe kommen. Wenn Sie wirklich ruhig sind, dann wird sich Ihr Atem ebenso verhalten. Das sollte für Sie ein wichtiges Merkmal sein. Und Sie sollten die Meditationsübung erst beginnen, wenn Sie ganz ruhig atmen.

Setzen Sie sich auf einen Stuhl. Dieser Stuhl sollte eben stehen. Ihre Füße, mit oder ohne Schuhe, haben direkten Kontakt mit der Erde bzw. dem Boden des Raumes. Ihr Rücken sollte gerade aufgerichtet sein und Ihre Hände liegen nach oben geöffnet auf Ihren Oberschenkeln.

Lehnen Sie sich nicht an. Die Stühle haben meist eine gewölbte Rückenlehne. So ist die gerade Rückenhaltung nicht zu bewerkstelligen.

Und nun schließen Sie die Augen. Gehen Sie im Bewusstsein von Ihren Augen zum Anfang Ihrer Wirbelsäule. Von dort gehen Sie jeden einzelnen Wirbel Ihrer Wirbelsäule langsam herunter, bis Sie das Ende erreicht haben. Das Ende wird auch als Steißbein bezeichnet. Lassen Sie sich für diesen Weg Zeit und gehen Sie achtsam diesen Weg. Wenn Sie dort angekommen sind, dann lassen Sie sich mit Ihrem Bewusstsein in Ihr Hüftbecken fallen. Und dort bleiben Sie.

Was empfinden Sie? Nehmen Sie alle Eindrücke wahr, ohne Wertung. Hier können Sie SEIN. Sie müssen nichts erreichen, oder tun. Sie sind einfach nur. Vielleicht steigen einige Gedanken in Ihnen auf. Nehmen Sie diese und setzen Sie sie in Ihrer Vorstellung auf eine Wolke. Und senden Sie die Wolke in Ihrer Vorstellung weg.

Und nach einiger Zeit gehen Sie mit Ihrem Bewusstsein von Ihrem Becken zu Ihrem Herz. Stellen Sie sich vor, dass Sie sich in Ihrem Herzen befinden. Und hier können Sie nun ihre Frage zu Ihrer Lebensmotivation, zu Lebenssituationen oder zu den für sie wirklich wichtigen Dingen im Leben stellen.

Wenn es an der Zeit ist, werden Sie mehr erfahren. Erwarten Sie nichts. Eine Erwartungshaltung kann sehr störend wirken. Ihre innere Weisheit wird den Zeitpunkt selbst festlegen, wann Sie zu Ihnen spricht. Das kann über Worte, Bilder oder auch Träume geschehen.

Den Rückweg beginnen Sie von Ihrem Herzen aus, zum Becken und dort wieder zum Steißbein. Von dort gehen Sie achtsam in Ihrem Tempo die Wirbelsäule, Wirbel um Wirbel wieder hinauf. Am Anfang der Wirbelsäule angelangt gehen Sie mit Ihrem Bewusstsein wieder zu Ihren Augen und öffnen Sie diese. Und nun danken Sie, ob Sie etwas erlebt haben oder auch nicht. Wichtig ist, dass Sie danken und zwar dem, den Sie als das Höchste im Universum ansehen.

Den Wortlaut und Ablauf habe ich aus der ersten Meditationsübung weitgehend übernommen. Das dient dazu, dass Sie sicherer werden. Diese Meditationsübung sollten Sie sich einprägen. Dann hätten sie jederzeit die Möglichkeit, diese an jedem ruhigen Ort durchzuführen. Auch hier gilt: Diese Meditationsübung ist der direkte und bewusste Weg, mit seiner eigenen göttlichen Instanz in Berührung zu kommen.

Tim dachte nach. Das war die gleiche Meditationsübung, wie er sie gestern bereits durchgeführt hatte. Und nun ging es einen Schritt weiter, also vom Becken zu seinem Herz zu kommen. 'Aber was sollte denn meine persönliche Lebensaufgabe sein? Darüber habe ich mir noch nie Gedanken gemacht. Und was ich mal werden will, weiß ich heute noch nicht. Es ist schon interessant Fragen zu stellen, die ich dann irgendwie beantwortet bekomme'. Für ihn hatte zurzeit eine bestimmte Frage eine große Wichtigkeit bekommen. Tim wurde nun klar, dass er wohl mehr als nur seine körperliche Erscheinung war. Hinter seinem Leben steckte also noch viel mehr, als er bisher geahnt hatte. Und so führte Tim nach der Anweisung alle Schritte diese Meditationsübung durch. Und im Herzen angekommen, stellte er seine Frage. Die Frage lautete: 'Warum habe ich dieses Buch geschenkt bekommen?' Und so blieb Tim noch einige Zeit in seinem Herzen, ohne dass er eine Antwort bekam. Er spürte nichts und die Gedanken, die in ihm immer wieder aufkamen, sandte er weg. Und gemäß der Meditationsübungsvorgabe ging er wieder in sein Becken, von dort zu seiner Wirbelsäule, diese langsam herauf, bis er an seinen Augen angelangt war. Er ließ sich die Zeit, die er für richtig empfand. Und auch heute hatte er während der Meditationsübung scheinbar sein Zeitgefühl verloren. Es waren nur wenige Minuten gewesen, die die Meditationsübung dauerte. Ihm kam es aber vor, als sei mindestens eine Stunde vergangen. Tim blieb noch einige Zeit auf seinen Stuhl sitzen. Er schaute aus dem Fenster. Es war heute ein sonniger Tag, an dem wenige Wolken am Himmel zu sehen waren. Und plötzlich bekam er die Antwort auf seine Frage. Es war ein nur ein Satz: „Weil Du wichtig bist für diese Welt".

Im Buch ging es weiter mit der folgenden Geschichte:

Geschichte der Liebe

Vielleicht haben die Leser sich einmal gefragt, warum man sich zu einem Menschen näher hingezogen fühlt und zu einem anderen weniger oder überhaupt nicht. Eine gemeinsame Veranlagung oder auch die gleichen Interessen können Auslöser für solche Gefühle sein. Zusätzlich gibt es aber eine Verbundenheit zwischen Menschen, die scheinbar nicht erklärbar ist. Sie liegt auf einer geistigen Ebene und geht über Gefühle hinaus. Man spricht in diesem Zusammenhang von Empfindungen. Und diese Empfindungen finden auf einer feinstofflichen Ebene statt. Erinnern sollten sich die Leser in diesem Zusammenhang an den Anfang unserer Geschichte.

Nun gibt es darüber hinaus auch die Möglichkeit, sich zu verlieben. Und auch über dieses Thema wurden im Laufe der Zeit von den Menschen viele Bücher geschrieben. Aber woher kommt diese Liebe? Warum verliebe ich mich nicht gleich in alle Menschen? Die Liebe zwischen zwei Menschen wird von der Schöpfung erteilt. Der

Hintergrund ist, dass sich die Menschen während ihres gemeinsamen Lebens sehr gut ergänzen können. Und dabei spielt es keine Rolle, wie lange solch eine Liebesbeziehung andauert. Sie muss nicht ein gesamtes Leben beinhalten. Es geht somit um die Erfahrung, mit einem Menschen oder mit einer Familie in einer Gemeinschaft zu leben. Und dadurch werden den Menschen mehr Erfahrungs- und Erlebnismöglichkeiten geboten. Sie sollen sich in der Gefühlswelt zurechtfinden oder auch soziale Aspekte wie Verantwortung, Rücksicht und Vertrauen entwickeln. Und idealerweise sollten sich die weiblichen und männlichen Eigenschaften der Menschen in einer Partnerschaft ergänzen. Ein Wesen in der geistigen Welt würde diese Möglichkeiten nicht leben können wie es auf der Erde möglich ist. Es gibt aber auch Menschen, die ihr gesamtes Leben allein verbringen. Dann stehen andere Lebensinhalte im Mittelpunkt. Es könnte zum Beispiel sein, dass ein Mensch dadurch weniger Ablenkung erfährt und sich als Forscher oder Einzelwesen besser seiner Arbeit oder Lebensaufgabe widmen kann. Jedoch wird dieses Lebensmodell auslaufen. Die Menschen werden sich wieder in Familien und Gemeinschaften zusammenfinden. Das ist zum einen von der Schöpfung so angedacht, wird aber zum anderen auch durch das Verhalten der jetzigen Menschheit unbewusst gefördert. Wodurch, fragen Sie sich? Zum Beispiel werden die Energiekosten, Mieten und die Altersarmut erheblich steigen. Dadurch werden sich Menschen aus Kostengründen automatisch in Gemeinschaften zusammenfinden müssen.

Weiter stellt sich auch die Frage, warum Menschen eine Beziehung zu einem Partner wählen und nur vorgeben ihn zu lieben. Manchmal sind sich die Menschen selbst nicht über ihre Gefühlssituation im Bilde, was der Grund für Einsamkeit in der Partnerschaft sein kann. Die Menschen sind ihrem Verstand gefolgt und eine Beziehung eingegangen. Und dann spielen natürlich andere Faktoren eine

Rolle. Es kann ein gut aussehender Partner sein, der den eigenen Ego-Anspruch dadurch erhöht, evtl. gibt es dadurch sogar eine vermeintliche Anerkennung anderer Menschen. Die Vorteile können auch in finanzieller oder materieller Hinsicht liegen. Oder man hat selbst den Wunsch, nicht einsam zu leben, oder auch Angst vor dem Leben. Die Gründe können vielseitig sein. Für den Leser ist es wichtig selbst zu prüfen, aus welchen Gründen er einen Menschen zum Partner wählt. Die wirkliche Liebe wird sich trotz einiger Unterschiede zwischen den Partnern immer erweisen. Und dabei spielen dann irgendwelche Vorteile überhaupt keine Rolle. Man verliebt sich eben in den Menschen und nicht in seinen Status oder Besitz. Und auch diese Form von Liebe wird von der Schöpfung erteilt. Es ist also kein Zufall, einen bestimmten Menschen kennenzulernen und sich in ihn zu verlieben. Aber Worte für diese Liebe zu finden ist nicht einfach. Der Leser kann es ja gerne selbst einmal probieren. Schwierig wird es immer dann, wenn Partner durch die Zeugung eines Kindes versuchen, aus welchen Gründen auch immer, eine Partnerschaft aufrecht zu erhalten. Und dadurch wird eine Trennung oftmals nur aufgeschoben. Doch der Elternteil, bei dem das Kind verbleibt, steht natürlich unter einer besonders großen Herausforderung. Wenn es nach der Schöpfung geht, dann sollte der Elternteil, der die Familie verlässt, keinen weiteren Kontakt zum Kind suchen. In einer Familie haben Vater und Mutter verschiedene Rollen wahrzunehmen. Diese Rollen sind bereits von der Schöpfung vorgegeben. Dazu zählt zum Beispiel bei der Mutter das Wecken des Kindes, das Erstellen eines Tagesplanes, das Einkleiden und spielen mit dem Kind in den eigenen vier Wänden. Der Vater müsste u.a. nach der Rollenverteilung für die Einhaltung der Ordnung im Kinderzimmer, die Hausaufgabenbetreuung, das Erforschen und Entdecken der Welt und als Lehrer zuständig sein. Grob gesagt ist die Mutter für den Bereich im Inneren zuständig und Liebe zu geben. Der Vater ist im Außenbereich aktiv und für eine gewisse

Strenge zuständig. (Regeln vorgeben und die Einhaltung überwachen. Auch das hat mit Liebe zu tun!) Würde das Kind bei der Mutter verbleiben, so müsste die Mutter in diesem Fall beide Rollen übernehmen. Ein ehemaliger Partner und Vater würde dann sehr störend in die Entwicklung des Kindes eingreifen. Und käme nun ein neuer Partner dazu, müsste dieser die Vaterrolle übernehmen. In diesem Fall würde das Chaos durch die vermeintlichen zwei Väter für das Kind noch größer. Leider sind diese Rollenbilder in unserer heutigen Zeit aus den meisten Familien verschwunden. Aber der alleinerziehende Elternteil kann sich sicher sein, Unterstützung aus der geistigen Welt zu erhalten. Dazu ist es aber nötig auch offen dafür zu sein. Die Stille-Meditationsübung wird Ihnen dabei helfen. Bitten Sie in Ihrem Herzen um Unterstützung und Erkenntnis. Es wird Ihnen geholfen werden.

Verliebt hatte sich Tim bisher noch nicht. Und was in dieser Angelegenheit im Buch geschrieben stand deutet wohl darauf hin, dass es keinen Zufall geben sollte. Es lag wohl in diesem Zusammenhang eine Gefahr darin, nur auf seinen Verstand zu hören. Aber konnte er eine Fehlentscheidung nicht umgehen? Aber wie? Sicherlich würde er im Bedarfsfall eine Frage im Herzen stellen um herauszubekommen, ob es wirklich Liebe war, die ihn zu einer Partnerin hingezogen hatte. Scheinbar war das aber nicht so leicht. Denn es gab nach dem Buch noch viele weitere Faktoren, die eine Rolle spielen konnten. Bei seinen Eltern war die Liebe immer noch vorhanden. Und das, obwohl sie nun schon viele Jahre zusammen waren. Somit mussten die beiden wohl alles richtig gemacht haben. Zusätzlich hatten beide auch in ihrem Zusammenleben und in der Erziehung von ihm eine klare Aufgabenteilung vorgenommen.

Geschichte der Angst

Die meisten Ängste der Menschen beruhen auf Gedanken und Vorstellungen. Es sind Ängste vor dem Verlust von Menschen, materiellen Gütern, vor Krankheiten und vielem mehr. Und diese Ängste können in allen Lebensbereichen einen Menschen beeinflussen.

Die Versicherungsunternehmen profitieren bis in unsere heutige Zeit recht gut von diesem Geschäft. Sie verkaufen in Form einer Versicherungspolice das Gefühl von Sicherheit. Aber auch dieses Gefühl ist nur eine gedankliche Vorstellung. Ängste und Versicherungen hat der Mensch selbst kreiert, sie sind also dem menschlichen Verstand entsprungen. Der Hauptgrund für diese Lebensängste liegt darin, dass der Mensch sich nicht mehr an seine Herkunft und somit seinem Ursprung erinnert. Wäre es der Fall, dann würde diese Form der Angst ihre Bedrohung verlieren. Sie wäre somit völlig überflüssig. Hätte ein Religionsgründer eine Versicherung gebraucht? Wohl nicht. Wozu auch? Wer in der Unendlichkeit lebt kennt keine Ängste. Macht der Mensch sich Zeit seines Lebens nicht auf die Suche nach seinem wirklichen „Sein", dann werden diese Ängste bis an sein Lebensende bestehen. Besonders gilt das für die Menschen, die ihr Leben als Zufall abtun. Bei den Ängsten verhält es sich wie mit den Süchten. Sie sind völlig überflüssig. Sie wirken nur so lange, wie man diesen Dingen Macht über sein Leben einräumt. Besonders die Ängste, die aus einem Minderwertigkeitsgefühl hervorgehen, herrschen bei vielen Menschen vor. Denken Sie immer daran: Es geht im Leben nicht um Ruhm, Ehre oder Erfolg, sondern um Erfahrung. Die Ihnen bekannten menschlichen Maßstäbe gelten nicht in der geistigen Welt, in die Sie nach ihrem Tod wieder zurückkehren. Nun kurz zu einer weiteren Angst, der Angst vor dem eigenen Tod. Wenn der Mensch sich als eigenständiges

Wesen erkennt und sein Leben und diese Welt als Zufall abtut, dann wird er eine große Angst vor seinem Tod entwickeln. Denn diese Lebenseinstellung bedeutet gleichzeitig, dass sein Leben unwiderruflich nach seinem Tod beendet sein wird. Und dieser Angst können Sie am besten begegnen, wenn Sie sich mit sich selbst beschäftigen, also den Kontakt zu Ihrer göttlichen Verbindung aufnehmen.

Tim kannte in diesem Zusammenhang bisher nur die Angst vor schlechten Noten in der Schule. Und das reichte ihm bereits. Denn seit er die Realschule besuchte, war der Leistungsdruck schon recht hoch. Zum Glück war es für ihn leicht zu lernen und das Gelernte auch zu behalten. Aber andere seiner Mitschüler mühten sich sehr ab, um überhaupt versetzt zu werden. Und so ein Druck machte sicherlich allen Menschen auch Angst.

Die Geschichte der Kriege

Sie haben bisher nur indirekt etwas über die Ursache von Kriegen erfahren. Wenn Sie sich an die Geschichten des Glaubens und der Macht erinnern, dann haben Sie vielleicht einen kleinen Eindruck von den Ursachen bekommen. Zur Zeit des Kaiserreiches in Deutschland wurde der Kaiser als eine Person gesehen, die von Gott (in diesem Fall ein christlicher Gott) eingesetzt wurde, um das damalige Reich zu regieren. Dies galt natürlich auch für viele andere Kaiser, Könige, Fürsten und Regierungschefs bis in unsere heutige Zeit. Und neben dem Glauben für eine gerechte Sache in den Krieg zu ziehen, spielte der Macht- und Ego-Anspruch des Mächtigen eine wesentliche Rolle. Natürlich wurde dann für ein Volk auch Gott bemüht, der den Auftrag, Krieg zu führen, erteilt hatte. Auch heute noch beziehen sich viele Kriegführende auf einen göttlichen Auftrag. Da zusätzlich die Menschen das hohe Gut des freien Willens für Ihre Lebenszeit erhalten haben, können sie selbst entscheiden, inwieweit sie an solchen überflüssigen Veranstaltungen teilnehmen. Ein Krieg kommt nie von der Schöpfung bzw. Gott. Denn welchen Sinn sollte ein Krieg haben, wenn man seine eigenen Brüder und Schwestern umbringt. Denken Sie daran, wir alle tragen unabhängig von einer Religion dieselbe göttliche Verbindung in uns. Aber die Menschen können selbst entscheiden, ob sie ihre persönliche Verbindung zu Gott suchen. Das ist der freie Wille eines jeden Menschen. Aus diesem Grund, warten Sie nicht darauf, dass Kriege von der Schöpfung beendet werden. Wenn der Mensch nicht selbst dazu bereit ist, dann wird es auch immer so weitergehen. Wenn Sie sich dessen bewusst sind, dann nehmen Sie mit Ihrer geistigen Einstellung bereits Einfluss auf das Weltgeschehen.

Tim schaute kurz von seinem Buch auf. Die Sonne schien mittlerweile sehr stark in sein Zimmer. Aber nun aufzuhören und das nächste Kapitel nicht mehr weiterzulesen, kam für ihn nicht infrage. Denn die nächste Überschrift hatte sein besonderes Interesse geweckt.

Geschichte der Träume

Für die Reise durch das Leben auf dieser Welt haben die Menschen neben ihrem Körper mit seinen Funktionen u.a. eine geistige Kraft erhalten. Hierdurch sollen sie die Möglichkeit haben, selbst als Schöpfer diese Welt zu beeinflussen und zu verändern. Hildegard von Bingen hat zu ihrer Lebenszeit durch ihre Schöpferkraft die heutigen Schulen mitbegründet. In der damaligen Zeit hatten Kinder kaum die Möglichkeit zur Schule zu gehen. Abgesehen von einigen Adligen, Klosterbrüdern bzw. Schwestern war es dem Rest der Bevölkerung nicht erlaubt, Lesen und Schreiben zu lernen. Das wurde natürlich auch durch einen gewissen Machtanspruch der Herrscher gern gesehen. Denn ein Volk, das auf diesem Sektor dumm und somit ungebildet war, konnte besser unter Kontrolle gehalten werden. Hildegard von Bingen wurde somit zur Schöpferin. Und nicht Ihre Person stand dabei im Vordergrund, sondern alle Menschen. Sie hat darüber hinaus noch in vielen weiteren Bereichen gewirkt und Großes für die Menschheit vollbracht. Nun hat jeder von uns diese Möglichkeit, die Welt und sein Leben zu beeinflussen, also selbst zum Schöpfer zu werden. Vielleicht haben Sie sich schon einmal darüber gewundert, dass einige Menschen Unternehmen oder Institutionen gegründet haben und dabei sehr erfolgreich waren oder noch sind. Aber was machen diese Menschen anders als andere? Den meisten Menschen ist nicht bewusst, über solche Möglichkeiten der Schöpfung zu verfügen. Unbewusst können sie aber trotzdem erfolgreich sein. Und das liegt daran, dass sie einer Idee, einem Bild und somit einem Ziel folgen. Und selbst dann, wenn die Ausgangsbasis für sie sehr schwierig war, haben es immer Menschen geschafft, etwas Außergewöhnliches zu schaffen. Nun besteht aber auch hier eine Gefahr. Wenn der Mensch unbewusst als Schöpfer tätig ist, kann das Endergebnis bzw. der Weg dahin, oft zum Schaden der Tiere, der Natur oder anderer Menschen sein. Und das hat in der Vergangenheit mit zu unseren heutigen Problemen auf der Welt geführt. Und auch die Leser sind eingeladen, ihre Schöpfungskraft zu gebrauchen. Werden sie diese Kraft bewusst gebrauchen, dann wird das Ergebnis bzw. ihr Vorhaben auf Dauer angelegt sein. Mit bewusst ist das Bewusstsein gemeint, etwas zum Nutzen für die Welt oder der Allgemeinheit zu erbringen. Es sind ihre Träume, die sie mit dieser Meditationsübung zum Wohl der Welt versenden können.

Sie kennen bereits die Meditationsübung aus der Geschichte der Selbstverwirklichung. Diesmal gibt es wieder eine kleine Veränderung. Übrigens können sie alle Meditationsübungen auch im Lotussitz (Meditationssitz) durchführen. Nur sind die meisten Menschen in der westlichen Welt nicht daran gewöhnt. Darum benutzen Sie ruhig weiterhin einen Stuhl. Eine für Sie unbequeme Körperhaltung würde Sie nur von der Meditationsübung ablenken.

Tim legt das Buch beiseite. Nun war es wieder diese Meditationsübung, die ihn das gesamte Buch bereits begleitet hatte. Und durch diese Variante sollten nun alle Menschen die Möglichkeit haben, selbst die Welt durch ihre Bilder und Gedanken zu beeinflussen. Wenn das wirklich so war, dann musste er sehr vorsichtig damit umgehen. Denn alle Kräfte, die er positiv einsetzten konnte, konnte er genauso gut auch negativ verwenden. Aber womit konnte er diese Möglichkeit einmal ausprobieren? Auch wenn im Beispiel von Hildegard von Bingen das Ergebnis etwas Zeit in Anspruch nehmen sollte. Sicherlich war es aber auch so, dass, je mehr Menschen die gleichen Bilder und Gedanken versandten, ein Ergebnis schneller möglich war. Tim las die Übung nochmals durch. Sicherlich war er es nun schon gewohnt, die einzelnen Schritte selbstständig zu gehen. Doch erst durch das mehrmalige Üben war es möglich, auch eine Sicherheit dabei zu empfinden.

Meditationsübung:

Setzen Sie sich wieder auf einen Stuhl. Ihre Füße, mit oder ohne Schuhe, haben direkten Kontakt mit der Erde bzw. dem Boden des Raumes. Ihr Rücken sollte gerade aufgerichtet sein und Ihre Hände liegen nach oben geöffnet auf Ihren Oberschenkeln.

Und nun schließen Sie die Augen. Gehen Sie im Bewusstsein von Ihren Augen zum Anfang Ihrer Wirbelsäule. Von dort gehen Sie jeden einzelnen Wirbel Ihrer Wirbelsäule langsam herunter, bis Sie das Ende erreicht haben. Das

Ende wird auch als Steißbein bezeichnet. Lassen Sie sich für diesen Weg Zeit und gehen Sie achtsam diesen Weg. Wenn Sie dort angekommen sind, dann lassen Sie sich mit Ihrem Bewusstsein in Ihr Hüftbecken fallen. Und dort bleiben Sie. Sie befinden sich nun in einem geschützten Raum in Ihrem Becken.

Was empfinden Sie? Nehmen Sie alle Eindrücke wahr, ohne Wertung. Hier können Sie SEIN. Sie müssen nichts erreichen, oder tun. Sie sind einfach nur.

Und von dem Becken aus gehen Sie nun in Ihr Herz. Stellen Sie sich vor, wie Sie sich mit Ihrem Bewusstsein im Herz befinden. Und hier können Sie Ihre Vorstellungen bzw. Bilder ans Universum abgeben. Wenn Sie Worte senden wollen, dann sprechen Sie diese im Geiste aus.

Sie werden Teil eines Netzwerkes. Weltweit gehören Menschen diesem Netzwerk an. Hierdurch können viele Ideen und Träume in die Welt gebracht werden. Und das gilt für alle Lebensbereiche. Seien Sie kreativ, es gibt für Sie keine Grenzen.

Den Rückweg beginnen Sie von Ihrem Herzen aus, zum Becken und von dort wieder zum Steißbein. Von dort gehen Sie achtsam in Ihrem Tempo die Wirbelsäule, Wirbel um Wirbel wieder hinauf. Am Anfang der Wirbelsäule angelangt gehen Sie mit Ihrem Bewusstsein wieder zu Ihren Augen und öffnen Sie diese. Und nun danken Sie, ob Sie etwas erlebt haben oder auch nicht. Wichtig ist, dass Sie danken und zwar dem, den Sie als das Höchste im Universum ansehen.

Als Tim den Ablauf der Übung nochmals gelesen hatte, setzte er sich gerade auf seinen Stuhl. Er atmete tief durch, bis sein Atem ganz ruhig war. Er wusste auch plötzlich, was er für ein Bild in die Welt aussenden wollte. Also ging er die einzelnen Schritte der Übung in seinem Geiste durch. Und im Herzen angelangt sendete er das Bild von freundlichen und hilfsbereiten Schülern, die sich ge-

genseitig respektierten und bei der Planung einer Schulveranstaltung unterstützten. Nach der Meditationsübung las er weiter.

Wiederholen Sie diese Meditation so oft wie möglich. Je mehr Menschen an dieser Möglichkeit als Schöpfer-/in teilnehmen, umso mehr können alle Einfluss nehmen und Veränderungen herbeiführen. Sie alle haben eine große Kraft in sich, sie müssen diese nur zulassen. Nicht Ihr beruflicher Status oder Ihre finanzielle Situation entscheidet über Ihre Möglichkeiten. Sie können neue Gedanken, Bilder, Vorstellungen in ein weltweites geistiges Netz von Menschen geben. Es wird seine Wirkung haben, benötigt oftmals aber auch etwas Zeit. Sie gehen somit Ihrer und der Zukunft dieser Welt entgegen. Diese heutige Welt wird sich weiter rasant verändern. Es sind neue Strukturen notwendig. Das bedeutet auch, dass die jetzigen Staatssysteme mit ihren vielen Politikern, die nur ihren Vorteil sehen und die Menschen bei ihren Entscheidungen vergessen, bald der Vergangenheit angehören. Aber auch auf kommunaler Ebene sind Veränderungen notwendig. Das heutige Bankensystem wird sich auflösen müssen und es wird eher kleine und regionale Banken in der Zukunft geben. Und bei denen steht dann das Allgemeinwohl im Mittelpunkt. Die unmenschliche Vergrößerung des Reichtums und somit der Macht der heutigen Banken wird zwangsläufig ihr Ende finden. Es sind in gesellschaftlicher Sicht viele neue Wege notwendig und wünschenswert, bei welchen immer das allgemeine Wohl der Menschen im Mittelpunkt stehen sollte. Und in den genannten und ungenannten Bereichen haben alle Menschen, ob jung oder alt, die Möglichkeit, mit ihren persönlichen Ideen und Vorstellungen für die Zukunft der Welt entgegenzugehen. Wie? Mit ihrer eigenen Schöpferkraft, so, wie in der Meditationsübung beschrieben. Alle Menschen können daran mitarbeiten. Sie müssen nicht an Demonstrationen teilnehmen. Sie können über den beschriebenen Weg viel besser Einfluss nehmen. Achten Sie aber darauf, auch wenn es schwerfällt, den freien Willen eines jeden Erdenbewohners zu respektieren. Es geht nicht darum, andere Menschen zu manipulieren. Doch je mehr Menschen ein bestimmtes Verhalten vorleben, umso mehr werden sich auch die heutigen Querdenker und Behinderer in ihrem Glauben, Denken und Handeln verändern.

Tim hatte das Ende des Buches erreicht. Schade dachte er. Ich hätte gerne noch weitergelesen. Und morgen sollte er von seinem Onkel Hans abgeholt werden, um das Wochenende auf seinem Hof zu verbringen. Er hatte eine ganze Anzahl von Fragen. Sollte es vielleicht noch mehr Geheimnisse des Lebens geben, über die sein Onkel Bescheid wusste?

Pünktlich um 8:00 Uhr am Samstag wurde er bei seinen Eltern abgeholt. Was sollte ihn am Wochenende wohl erwarten. Und so fuhren die beiden gut zwei Stunden, bis sie am Bauernhof seines Onkels angekommen waren. Tim war öfters schon einmal hier gewesen. Und immer hatte er etwas Neues kennengelernt. Ob es nun der Umgang oder Charakter der Tiere war oder einfach die tolle Natur, es war immer ein schönes Besuchserlebnis gewesen. Das Bauernhaus lag direkt an einem Berghang mit einer tollen Aussicht auf die gegenüberliegenden Berge. Selbst jetzt im Sommer waren die Gipfel von Schnee bedeckt. Es war eine besondere Atmosphäre, die er hier empfand. So richtig konnte er diese Empfindung nicht begründen. Aber das war für ihn auch nicht so wichtig.

„Dann komm erst einmal herein, Tim. Du bekommst wie immer dein eigenes Zimmer, hinten am Ende des Flurs. Den Weg kennst du ja. Möchtest Du Dich erst einmal ausruhen?" „Eher nicht. Könnten wir nicht einen Spaziergang in den Wald machen?" „Gerne", antwortete sein Onkel. "Dann treffen wir uns in 10 Minuten hier vor dem Haus auf der Bank. Hast du deine Wanderschuhe dabei?" „Oh, die habe ich vergessen." „Das macht nichts. Du kannst gerne welche von mir bekommen." Und so bekam Tim 10 Minuten später seine Wanderschuhe. Nur waren diese etwas zu groß geraten. Aber auch hier wusste sein Onkel Rat. Tim musste drei Paar Socken anziehen, damit er in den Schuhen den richtigen Halt hatte. Und so wanderten die beiden los. Sein Onkel hatte einen Rucksack auf dem Rücken geschnallt und eine Flasche Wasser und einigen Proviant darin verstaut.

„Ich habe von Deinen Eltern gehört, dass Du das Buch ganz eifrig gelesen und interessant gefunden hast. Warst Du überrascht, dass es andere Themen hatte, als die in deinen Schulbüchern?" „Ja schon. Die Geschichten haben alle mit einem Selbst zu tun. Und es geht nicht nur um das Wissen meines Verstandes, sondern um mehr. Aber woher hast Du das Buch? Es muss vor mir jemand bereits gelesen haben." „Das Buch stammt auch nicht von mir", antwortete sein Onkel. "Ich habe es bereits so erhalten. Und irgendjemand hat es mir vor einigen Jahren per Post zu geschickt." „Gab es denn keinen Absender?" „Nein, ein Absender war nicht zu finden. Und Zufälle gibt es meines Erachtens nicht. Es hat einen Grund gegeben, mir das Buch zuzusenden. Ich habe dort eine Information gefunden, die für mich und mein Leben notwendig war." „Und welche war das?" fragte Tim neugierig." „Für mich stellte sich damals die Frage wie ich es schaffe, Kontakt mit mir selbst aufzunehmen. Hört sich vielleicht für den scheinbar normalen Menschen verrückt an. Aber wie Du weißt, hat der Mensch neben seinem Verstand auch noch eine göttliche Verbindung in sich. Aber leider wissen oder erahnen die meisten Menschen das nicht. Wenn man dieser Verbindung gewahr wird, dann sollte und muss es hierzu auch die Möglichkeit der Kontaktaufnahme geben. Es ist viel einfacher, als ich es mir damals vorstellen konnte. Wichtig ist, dass dieses Buch Menschen helfen kann, sich selbst zu entdecken und auch zu erfahren. Und da ich es nicht mehr brauchte, habe ich Dir es zum Geschenk gemacht." „Und warum gerade mir?" „Weil es mir meine innere Stimme so gesagt hat. Und es war wohl auch richtig, denn Du hast die Begeisterung erfahren, die notwendig ist, um sich auf die Suche zu begeben. Persönliche Veränderungen geschehen immer durch die Begeisterung für eine Sache. Ohne Begeisterung gibt es somit auch keine Veränderung." Tim war erstaunt über die weisen Worte seine Onkels. „Sag mal, warst Du immer schon an diesen Dingen interessiert?" „Nicht immer. Als ich so alt war, wie Du es heute bist, da habe ich mich noch nicht damit beschäftigt. Mein Interesse ist erst so mit 25 Jahren entstanden. In der Schule lernt man zu diesen Themen so gut wie nichts. Und auch die Menschen, die man täglich trifft, kennen sich nur mit den sichtbaren Dingen der Welt aus. Die meisten Menschen sind heute betrunken von den Dingen der sichtbaren Welt. Aber durstig nach der inneren Welt sind die wenigsten." 'Schon wieder so eine Weisheit', dachte Tim. „Woher weißt Du denn das alles?" „Je länger ein Mensch sich mit diesen Meditationsübungen und diesem Wissensgebiet beschäftigt, umso mehr wird diese innere Stimme Einfluss auf das Leben nehmen können. Jedenfalls, so lange der Mensch es zulässt. Denn wie Du weißt, hat jeder Mensch den freien Willen mit auf seinem Weg durch das Leben bekommen."

Der Weg war nun sehr steil geworden und Tim fand es schon recht anstrengend. „Sag mal, Onkel Hans, wo wollen wir denn noch hin?" „Ich möchte mit Dir noch etwa 50 Meter höher steigen, bis wir den Waldrand erreicht haben. Dort oben möchte ich Dir etwas zeigen." „Und was willst du mir zeigen?" „Warte ab, Du wirst es gleich erfahren." Oben, am Waldrand angekommen, führte er ihn zu zwei abgesägten Baumstämmen. Dort setzten sich die beiden. Die Aussicht war noch schöner als er sie am Bauernhaus wahrgenommen hatte. Die schneebedeckten Bergspitzen waren zum Greifen nahe.

Sein Onkel schaute auf eine gegenüberliegende Bergwand. Er schien etwas zu suchen. „Wir müssen noch etwas warten. Lass und erst mal unseren Proviant essen. Und wenn Du Durst hast, im Rucksack befindet sich eine Wasserflasche." Und so aßen beide erst einmal und genossen die wunderbare Aussicht.

Und dann zeige er Tim einen kreisenden Adler am Himmel. „Es gibt wieder ein Adlerpärchen hier oben. Und ich hoffe, dass sie ein oder zwei Junge in diesem Jahr haben werden. Man versucht, sie wieder bei uns zu zuansiedeln. In der Geschichte ist es sehr oft so, dass erst etwas durch die Menschen zerstört wird und dann diese Fehler mühsam wieder beseitigt werden. Dieser Adler dort oben hat genau so ein Leben wie jeder Mensch. Und es ist wichtig, dieses Leben zu erhalten. Das gilt für das gesamte Leben auf diesem Planeten." Tim fand es sehr beeindruckend, einen Adler vor und über sich kreisen zu sehen. Er schien beim Flug alle möglichen Winde zu benutzen und schwebte scheinbar in aller Leichtigkeit. „Und wer hat die Vögel denn hierhergebracht?" „Das waren Tierfreunde, die seit vielen Jahren immer wieder Anträge bei Behörden gestellt haben, um das zu ermöglichen."

Die ersten Regenwolken zeigten sich am Himmel. Und das war auch der Grund, weshalb sich Onkel Hans und sein Besuch wieder in Richtung Bauernhaus aufmachten. Dort angekommen, setzten sich die beiden erst einmal in den Holzpavillon, der im Garten stand. „So, hier sind wir erst einmal vor dem Regen geschützt", meinte sein Onkel. "Und unter der Bank habe ich immer einen kleinen Vorrat an Getränken. Möchtest Du auch eine Limonade?" „Oh, ja gerne." „Um das Wetter musst du dir keine Sorgen machen. Spätestens morgen, am Sonntag, scheint wieder die Sonne." Sein Onkel schaute etwas nachdenklich auf die gegenüberliegenden Berge. „Tim, wenn Du Dir die Berge anschaust, dann siehst Du nicht direkt die Veränderungen gegenüber den letzten Jahren. Immer wenn Du mich besucht hast, warst Du von der Aussicht begeistert gewesen. Und doch hat auch der Klimawandel hier bereits seine Auswirkungen. Diese Berge werden durch den Permafrost zusammengehalten. Es ist genauso, als wenn Du aus dem Gefrierschrank zwei Päckchen Spinat herausholst, die zusammengefroren sind. Und so verhält es sich auch mit den Bergen. Nimmt die Temperatur zu, dann werden sich von den Bergen immer mehr Lawinen an Schnee oder Geröll ins Tal bewegen. Somit unterliegt alles einer Veränderung." „Meinst Du denn, dass die Welt untergeht?" fragte Tim." „Nein, aber die Menschen werden immer mehr die Auswirkungen des Klimawandels erfahren und müssen Lösungen im Umgang damit finden. Die Naturkatastrophen werden zunehmen. Zurzeit schmelzen die Pole und auch die Gletscher in den Bergen. Die Menschen in unseren Breitengraden sind jedoch noch sehr wenig betroffen. Vielleicht abgesehen davon, dass sich die Temperaturen und somit das Wetter in kurzer Zeit schnell ändern kann. Die meisten Menschen leben weiter wie bisher." „Aber warum ist das denn alles so gekommen?" fragte Tim. „Der Grundstein für dieses Problem ist mit der Industrialisierung gelegt worden. Um 1900 wurde die ersten Fabriken geschaffen und mit der Ausbeutung von Rohstoffen in der gesamten Welt begonnen. Und mit neuen Förder- und Produktionstechniken wurden immer mehr Rohstoffe der Erde entnommen und Produkte produziert. Und in allen Ländern dieser Welt gab es Staaten oder Unternehmer, die ihr Geld möglichst gewinnbringend anlegen wollten. Die Folge war, dass immer mehr Unternehmen gegründet wurden. Das hatte wiederum zur Folge, dass die Kapitalgeber immer reicher wurden. Die Bodenschätze, Bäume oder Tiere waren scheinbar unendlich vorhanden. Und wenn Geld im Vordergrund steht, dann spielt oftmals die Natur nur eine untergeordnete Rolle. Auch immer mehr Menschen bekamen durch die Unternehmen Arbeitsplätze und konnten somit ihre Familien ernähren. Wollte man heute in einem Bereich der Wirtschaft eines Landes etwas zum Besten der Welt verändern, so kommen die Kritiker ins Spiel, die dann auf den Verlust von Arbeitsplätzen hinweisen. Aber auch der Unternehmer kann keine Gewinne mehr erwirtschaften. Nur wird er das nie in den Vordergrund stellen. Da ist es dann schon besser mit der Angst um die Arbeitsplätze der Menschen zu spielen oder gleich ins Ausland umzusiedeln. Und in vielen Staaten der Erde gibt es nicht einmal einen Umweltschutz und die Löhne sind auch noch niedriger. Es ist scheinbar ausweglos, solange solch ein Egoismus vorherrscht. Letztendlich haben dieses Fehlverhalten alle Menschen wieder auszubaden. Dazu gehört besonders Deine Generation. Was fehlt, ist eine gelebte Allgemeinverantwortlichkeit der Menschen zum Erhalten dieses Planeten mit seinen unzähligen Lebewesen. Aber denke daran, Tim, Du hast, wie alle Menschen die es wollen, die Möglichkeit bekommen, selbst Einfluss zu nehmen. Und das geht über eine der Meditationsübungen aus dem Buch."

„Ich hätte dazu noch eine Frage an Dich. Sie betrifft die Meditationsübung zur Versendung von Bildern. Hast Du diese auch bereits gemacht?" "Ja, ich mache sie täglich. Damit kann ich aktiv am Weltgeschehen und an der Weltentwicklung teilnehmen." „Und wie machst Du das?" „So, wie sie auch im Buch beschrieben ist." „Ich meine eher, was für Bilder versendest Du?" „Tim, Du musst dazu noch etwas mehr wissen. Diese Welt wurde von Gott geschaffen. Der Ursprung dieses Planeten mit der gesamten dazugehörigen Milchstraße lag in der geistigen Welt. Also am Anfang nur in der Vorstellung, so etwas zu schöpfen bzw. zu erschaffen. Am Anfang waren nur Gedanken vorhanden, die dann in Worte umgesetzt wurden. Und alle Gedanken und Worte sind mit einer geistigen Kraft verbunden. Das gleiche gilt auch für Bilder in Deiner Vorstellung. Und mit diesen Kräften konnte Gott mit einer Vielzahl von geistigen Helfern diese uns bekannte Welt erschaffen. Wenn Du so willst, war es ein Mammutprojekt, das unsere Vorstellungskraft bei weitem übersteigt. Und wenn Du die Natur heute anschaust und wahrnimmst, wird dir klar, dass diese Welt einmalig ist. Und nur ein Dummkopf kann behaupten, dass alles aus einem Zufall entstanden ist. Menschen, die keine Erklärung für etwas haben, gebrauchen sehr oft den Begriff „Zufall". Und damit begnügen sie sich. Und nun haben Du und ich dieses Buch bekommen und somit die Anleitung etwas zu bewirken. Also einen Traum oder Träume zu entwickeln, wie diese Welt mit allen Lebewesen, insbesondere mit den Menschen in der Zukunft leben wird. Und hierzu kann jeder von uns seine Gedanken, Bilder oder einen im Geiste ausgesprochenen Satz in ein großes Netz von Menschen geben. In diesem geistigen Netz von Menschen sind all die versammelt, die das Leben nicht als Zufall abtun und sich auf den Weg der Erkenntnis begeben haben. Menschen, die Gott nicht kennen wollen, sind nicht dabei und werden ausgeschlossen bleiben. Denn diese könnten in solch einem Netz eher etwas zum Nachteil einbringen. Es ist der freie Wille jedes Einzelnen, den Weg der Rückbesinnung zu gehen. Nun zu Deiner eigentlichen Frage: Ich habe bereits viele unterschiedliche Bereiche des Lebens mit in diese Meditation genommen. Zurzeit beschäftige ich mich damit, wie alte Menschen in der Zukunft in Gemeinschaften und Heimen menschlich zusammenleben bzw. so weit wie es notwendig ist, auch gepflegt werden können. Dazu habe ich meine Überlegungen zuerst einmal aufgeschrieben. Also die Dinge gesammelt, die ich nach meinem menschlichen Ermessen begrüßen würde. Und diese Vorstellungen habe ich dann in das Netz gegeben. Je mehr Du Dich mit einem Lebensbereich beschäftigst, umso mehr Ideen wirst Du entwickeln. Es ist eine Tätigkeit für diese Welt und die Menschen, und indirekt für alle Lebewesen. Auch Du könnest mal schauen, was Dich im täglichen Leben mit anderen Menschen stört. Fällt Dir etwas dazu ein, Tim?" Tim überlegte einem Moment. „Direkt fällt mir nur etwas zu meinem Kunstlehrer ein. Da gibt es meinen Kunstlehrer, der scheinbar wenig daran interessiert ist, seinen Schülern etwas beizubringen. Sein Unterricht ist langweilig und er ist irgendwie immer gefrustet und sehr aggressiv uns Schülern gegenüber."

„Dann könntest Du in diesem Fall ja einmal aufschreiben, was Du verändern wolltest. Wie würde ein guter Unterricht für Dich aussehen? Was sollte ein Lehrer erfüllen, um von seinen Schülern akzeptiert zu werden? Und diese Erkenntnisse könntest Du dann anhand von deinen gedanklichen Vorstellungen oder als formulierten Satz in das Netz geben."

Es hatte bereits aufgehört zu regnen. Und Tim wollte den restlichen Nachmittag und Abend alleine verbringen. Alles, was er heute gesehen und gehört hatte, machte ihn nachdenklich. Auch die drei Meditationsübungen wollte er in aller Ruhe nochmals durchführen. Und so verabredeten sich die beiden erst wieder zum Frühstück. Es sollte um 8:15 Uhr im Pavillon stattfinden. Jedenfalls bei Sonnenschein, bei Regen wollten sich beide in der Küche des Bauernhauses treffen. Und so geschah es auch. Tim las noch in seinem Buch und machte die Meditationsübungen. Sein Onkel hatte dazu vor Jahren ein kleines Zimmer eingerichtet. Es war wohl recht karg eingerichtet. Die drei Stühle und der kleine Tisch standen auf einem alten schweren Teppich. Jedoch wurde dieser Raum von einer wunderschönen Marienfigur erhellt. Sie stand direkt neben dem Fenster und strahlte in unterschiedlichen Farben. Und diese Marienfigur schien eine besondere Ausstrahlung auf ihn zu haben. Er schlief in dieser Nacht ganz ruhig und wurde, ohne einen Wecker gestellt zu haben, um 7.00 Uhr durch die ersten Sonnenstrahlen geweckt.

Pünktlich erschien Tim im Garten. Sein Onkel hatte bereits den Tisch gedeckt, Brötchen gebacken, Tee gekocht und wartete schon. Ein leichter Wind brachte den süßen und gleichsam schweren Duft von Rosen in den Pavillon. „Hast Du gut geschlafen, Tim?" „Oh ja sehr gut." „Ist das nicht ein herrlicher Morgen." „Du hast es sehr gut, solch einen Ausblick von Deinem Hof zu haben." „Ja, es ist schon eine große Gnade so zu leben, aber es auch wahrnehmen zu können."

„Sag mal, Onkel Hans, in dem Buch wurde oft von der Schöpfung oder Gott gesprochen. Ist das das gleiche?" „Ja, Tim. Denn diese Welt wurde von der Schöpfung so geschaffen. Sie ist kein Zufallsprodukt, wie es einige Wissenschaftler den Menschen Glauben machen wollen. Und Gott ist männlich und weiblich zugleich. Also androgyn. Die Trennung nach Geschlechtern gibt es zusätzlich unter anderem auch auf der Erde." „Und woher willst Du das alles wissen?" „Indem ich das nachgefragt habe. Mit der Übung aus dem Buch, die Du auch kennst. Nur musst Du dabei berücksichtigen, dass nicht alle Deine Fragen beantwortet werden. Es geht nur um Fragen, die zurzeit für Dein Leben wichtig sind. Im Mittelpunkt steht immer die Erkenntnis und somit die Entwicklung des fragenden Menschen."

Tim aß nun erst einmal ein Brötchen mit selbstgemachter Erdbeermarmelade. Er schaute nachdenklich auf die Berge. „Was Du mir gestern zu dem Permafrost erzählt hast kann mir Angst machen." „Das wollte ich nicht, Tim. Nur sollte kein Mensch die Augen vor der sichtbaren Realität und den Zustand der Umwelt verschließen. Leider sind gerade durch viele Dummheiten und Fehler von Menschen die jetzigen Probleme auf der Welt entstanden. Wenn jeder seinen Verstand dazu benutzen würde, etwas zum Wohl der Menschen und aller Lebewesen zu tun, dann hätte sich die Welt anders entwickelt. Der Egoismus, verbunden mit dem Wahn, immer reicher und mächtiger zu werden, sind die wirklichen Grundübel. Dieser Egoismus führt zwangsläufig zur Rücksichtslosigkeit allen und allem Gegenüber. Aber Du und die Leser kennen eine Möglichkeit, dem entgegenzuwirken. Du könntest dir zum Beispiel einmal ausmalen, wie das Zusammenleben der Menschen untereinander und mit allen Lebewesen aussehen könnte. Wie wird ein Bauer in Zukunft mit seinen Tieren umgehen? Würde es noch eine Massentierhaltung geben? Wie entwickelt sich die Abholzung des Regenwaldes in der Zukunft. Wie könnte der Regenwald erhalten bleiben? Wäre Tourismus ggf. eine Möglichkeit die Menschen von dem Raubbau abzuhalten. Tim, es gibt unendlich viele Bereiche, die zurzeit auf dieser Welt im Argen liegen. Fange erst einmal mit einem Bereich an. Und wenn wir alle gemeinsam tätig werden, dann können Veränderungen schneller passieren."

Tim trank noch eine Tasse Kräutertee. Sein Onkel hatte am Morgen verschiedene Kräuter gesammelt und rechtzeitig zum Frühstück aufgebrüht. „Ich hätte noch eine weitere Frage an Dich." „Frage nur, Tim. Wenn ich dir eine Antwort geben kann, dann gebe ich dir diese gerne. Nur weiß ich auch nicht alles. Wir Menschen wissen immer nur so viel, wie wir für unsere Aufgabe, die wir im Leben haben, auch benötigen."

„Wie verhält es sich denn aus deiner Sicht mit der Kontaktaufnahme zu dem göttlichen Kern des Menschen?" „Was meinst Du damit, Tim?" „Ist das wirklich so einfach?" „Warum sollte es schwer sein? War es denn nicht auch für Dich einfach?" „Ja schon, aber irgendwie bin ich mir nicht sicher." „Es ist das Neue und Ungewöhnliche, was Dich so nachdenklich und auch etwas ängstlich machen kann. Weißt Du, das Hauptproblem liegt für die Menschen darin, Angst zu haben, diesen ersten Schritt zu gehen. Der Grund hierfür kann in vielen Bereichen des Lebens liegen. Es ist die Angst, sich auf etwas Ungewisses einzulassen. Der Preis dafür ist, die eigene vermeintliche Sicherheit aufzugeben, die einem der Verstand einredet. Und wenn diese Angst überwunden wurde, kommt eine neue Schwierigkeit dazu. Also, eine Frage zu stellen und eine Antwort zu bekommen, ist das eine. Nur dann auch dieser Antwort Folge zu leisten, ist der andere Punkt."

„Nehmen wir mal zum Beispiel an, dass Du Dich verliebt hast. Und alle diese Empfindungen im Bereich der Liebe sind mit Worten schwer oder gar nicht zu erklären. Und nun stellst Du in Deinem Herzen die Frage, ob der erwählte Partner, der richtige für Dich ist. Und die Antwort ist ein klares „Nein". Nun hat, wie Du weißt, der Mensch auch den freien Willen, selbst zu entscheiden. Und trotz dieser Aussage geht er eine Partnerschaft mit diesen Menschen ein. Genaugenommen straft er sich selbst damit, wenn er eine Enttäuschung nach der anderen mit seinem neuen Partner erlebt. Und dass alles wäre ihm erspart gewesen, wenn er seiner inneren Stimme gefolgt wäre. Gerade im zwischenmenschlichen Bereich ist es nicht immer einfach, Entscheidungen zu treffen, die man selbst nach der Gefühlsebene oder dem Verstand anders getroffen hätte. Aber Leben bedeutet auch Entwicklung und Erfahrung. Wir alle treffen in unseren Leben Entscheidungen die sich in der Folge als Fehler herausstellen können. Wichtig ist dabei, dass wir aus unseren Fehlern lernen. Aber Strafen bekommen wir von der Schöpfung dafür nicht." „Also könnte dann jeder Mensch auf der Welt alles tun, wenn er den freien Willen hätte, ohne eine Strafe zu bekommen?" „Es gibt da einige Ausnahmen, die Du kennen solltest." „Und was wären das für Ausnahmen?" fragte Tim?" „Eine der großen Dummheiten in diesem Zusammenhang wäre das Verleugnen der Schöpfung. Mit anderen Worte ausgedrückt, die Existenz von Gott nicht anzuerkennen und diese Welt als Zufall abzutun. Ein weiterer

Punkt wäre, einen anderen Menschen bewusst zu töten, oder das Leben eines anderen Menschen zu zerstören. Die Zerstörung kann in einem körperlichen oder emotionalen Bereich liegen. Aber auch materiell kann ein Mensch von einem anderen in den Ruin getrieben werden. Also alles, was ein Mensch in den genannten Zusammenhängen einem anderen Menschen in vollem Bewusstsein antut." „Und worin liegt dann die Strafe?" „Also, die Strafe liegt darin, dass der jeweilige Mensch nach dem Ende seines Lebens auch in der geistigen Welt nicht mehr mit einem eigenen Bewusstsein weiterlebt. Es ist dann wirklich alles zu Ende. Eine erneute Wiedergeburt auf dieser Erde gibt für diese Geistwesen bzw. Menschen nicht mehr. So ist es von der Schöpfung vorgesehen." "Aber warum denn?" "Tim, habe Vertrauen. Die Schöpfung weiß, was sie macht. Und Du kannst sicher sein, dass alles nur zum Besten dieser Welt und seiner Bewohner ist."

Nach dem Frühstück wanderten die beiden zu einem Gasthof ins Tal. Dort aßen sie zu Mittag und Tim stellte weitere Fragen zum Leben der Menschen und seinem Buch. Gegen 17:00 Uhr brachte sein Onkel ihn zurück in die Stadt. Für Tim sollten noch viele weitere Besuche bei seinem Onkel folgen. Sein Leben hatte eine Änderung erfahren. Angefangen hatte alles mit dem Regentag. Scheinbar war der Zeitpunkt gerade richtig gewesen, mehr über sich und seine Möglichkeiten zu erfahren. Und so wurde das Buch zu einem guten Ratgeber. Und als Tim gelernt hatte, selbstständiger zu werden, also seine Übungen durchzuführen und die Welt immer mehr wahrzunehmen, benötigte er das Buch nicht weiter. Er verschenkte es an eine Freundin. Und auch sie las das Buch und …….

Das Ziel dieses Buches liegt nicht darin, dass Sie in eine religiöse Gemeinschaft eintreten sollten. Es kann jedoch für den einen oder anderen Menschen sinnvoll sein. Sollten Sie bereits einer Religionsgemeinschaft angehören und diese Ihre persönliche Freiheit akzeptiert, dann bleiben Sie in ihr. Genau genommen, bieten Ihnen die Religionen oder Glaubensgemeinschaften eine der Möglichkeiten, näher zu der Schöpfung bzw. Gott zu kommen. Es ist, wenn Sie so wollen, ein Sessellift, der sie auf einen Berg bringt. Nur das letzte Stück bis zur Bergspitze muss jeder alleine gehen. Und wichtig ist es für Sie, keine Abhängigkeit zu einem scheinbar weiter fortgeschrittenen Menschen aufzubauen. Denken Sie an die Geschichte der Macht. Ein wirklich weiser Lehrer wird keine Statussymbole (Ego-Anspruch) benötigen, noch eine Jüngerschaft (Ego-Anspruch, Anerkennung seiner Person) seiner Schüler anstreben. Denn er weiß darum, dass zwischen ihm und jedem anderen Menschen nur ein kleiner Unterschied vorherrscht. Den göttlichen Kern tragen wir alle in uns. Wäre es so nicht, dann würden wir nicht leben. Der Schöpfung geht es nicht darum, Menschen zu bemächtigen. Es soll der freie Wille des Einzelnen sein, sich auf die Suche nach seiner Herkunft zu machen. Und einige Menschen suchen einen anderen Weg außerhalb von Religionen. Und diesen Weg können sie umso bessergehen, je mehr sie es geschafft haben, den Kontakt zu Ihrer inneren Stimme bzw. zu Gott aufzubauen. Jeder, der auf die Bergspitze möchte, wird nicht drum herum kommen, diesen Weg zu beschreiten. Nehmen Sie dieses Buch als einen Bergführer zu Ihrem wahren Leben. Begeben Sie sich in dieses Abenteuer.

Dieses Buch werden Sie zufällig gefunden haben. Sie haben es gefunden, weil Sie für diese Welt wichtig sind. Den Geschichten in diesem Buch können sie Glauben schenken, oder auch nicht. Wenn Sie sich mit den Geschichten und den Meditationsübungen zum Leben beschäftigen, dann könnte aus dem Glauben Wissen werden.

Und hierin liegt das Hauptziel des Buches. Wenn Sie es schaffen, auf die innere Stimme zu hören, dann können Sie die gemachten Aussagen direkt überprüfen. Denn diese innere Stimme ist die direkte Verbindung zu dem eigenen göttlichen Kern und somit direkt zu Gott. Nehmen Sie die Texte als Gedanken zum eigenen Leben und bewegen Sie diese in sich.

Ich wünsche allen Lesern gutes Gelingen und die Kraft sowie Ausdauer, sich auf diesen Weg zu begeben. Es lohnt sich für Sie und somit für diese Welt.

Peter Wandler